"Z世代"
圈层营销

陈 聂/著

九州出版社
JIUZHOUPRESS

图书在版编目（CIP）数据

"Z世代"圈层营销 / 陈聂著 . -- 北京：九州出版
社 , 2023.10
ISBN 978-7-5225-2370-5

Ⅰ . ① Z… Ⅱ . ①陈… Ⅲ . ①网络营销 Ⅳ .
① F713.365.2

中国国家版本馆 CIP 数据核字（2023）第 203161 号

"Z世代"圈层营销

作　者	陈聂　著
责任编辑	杨宝柱　周　春
出版发行	九州出版社
地　址	北京市西城区阜外大街甲 35 号（100037）
发行电话	（010）68992190/3/5/6
网　址	www.jiuzhoupress.com
印　刷	北京亚吉飞数码科技有限公司
开　本	710 毫米 ×1000 毫米　32 开
印　张	9
字　数	209 千字
版　次	2023 年 10 月第 1 版
印　次	2023 年 10 月第 1 次印刷
书　号	ISBN 978-7-5225-2370-5
定　价	56.00 元

前 言

当前消费市场，"Z世代"成为消费主力，在激烈的市场营销竞争环境中，营销者必须善于洞察"Z世代"身上的多面标签，通过有效的个性驱动、内容共创融入"Z世代"，如此才能牢牢把握"Z世代"的消费特点和消费趋势，在"Z世代"圈层营销中拔得头筹。

本书解析了"Z世代"的消费需求和消费行为，助力读者成功渗透到"Z世代"圈层，轻松开展"Z世代"营销。

首先，本书带你了解"Z世代"的圈层文化，解码"Z世代"信息渠道，探索符合"Z世代"的营销策略。

其次，本书教你为"Z世代"画像，洞察"Z世代"的消费特点，渗透到"Z世代"文化圈层，让营销更加有的放矢，有效提升转化率。

最后，本书邀你走进互联网原住民的阵地，与"Z世代"同频共振，依次解析线上营销、线下营销、品牌营销、颜值营销、文化营销等营销策略的具体操作方法，轻松为"Z世代"种草，吸引

"Z世代"主动关注，让"Z世代"更加信任和依赖品牌，主动下单购物。

全书逻辑清晰，内容全面，深入浅出，手把手教读者解读"Z世代"，实现精准营销。书中特别设置"营销智慧""营销案例"板块，丰富了本书的知识性、可读性、启发性，有助于引导和启发读者精准把握"Z世代"的多样消费需求，成功营销。

阅读本书，助你了解"Z世代"人群特点，熟悉"Z世代"消费者购物逻辑，轻松玩转"Z世代"圈层营销。

目　录

第2章　圈层画像："Z世代"的营销定位

第5章　线下营销：用极致体验吸引"Z世代"

第6章　品牌营销：与"Z世代"同频共振

第1章

圈层解码：符合"Z世代"的营销策略

圈层解码

圈层画像

品牌营销

文化营销

圈层渗透

线上营销

线下营销

颜值营销

随着消费市场的发展，消费主力军也在发生变化。现在，"Z世代"已经成为互联网消费的主力军，他们的消费行为更为多元化，引领着消费市场的走向。所以，要想成功营销，就要成功吸引"Z世代"的消费者，深入他们的圈层，了解他们的兴趣、生活方式、价值观等，满足他们的消费需求。

了解"Z世代"的
圈层文化

　　"Z世代"与数字时代联系密切，他们的成长过程中亲历了互联网和社交媒体的快速发展。"Z世代"的文化观和价值观在许多方面与前几代人截然不同，这也使得他们形成了独特的圈层文化。"Z世代"的圈层文化不仅反映在他们的消费习惯上，还体现在他们的价值观、社交互动和娱乐选择中。

1.1.1 认识"Z世代"

◆ 什么是"Z世代"

研究人员和大众媒体将"Z世代"的出生范围划定为1995—2009年（郭鹏，2021）。"Z世代"的大多数成员都是"X世代"的子女。"Z世代"一出生接触到的就是成熟的数字产品，这使得他们成为移动互联网世代。

"Z世代"是亲历了互联网繁荣期的年轻人，他们从小就与智能产品一同成长，手机、电脑等都是他们生活中不可或缺的一部分。他们属于"数字原住民"，拥有前所未有的数字技能，也是信息爆炸时期的见证者，是社交媒体的主宰者。

◆ "Z世代"的特质

"Z世代"有着属于他们自己的特质，具体表现在以下几个方面，如图1-1所示。

首先，"Z世代"是数字时代的原住民，他们与互联网、智能手机和社交媒体紧密相连。

"Z世代"能够熟练地使用数字技术来获取信息、进行社交互动和娱乐。而社交媒体是"Z世代"社交互动的核心，他们在社交媒体平台上分享自己的生活、观点和创造内容，同时也关注社交媒体上的趋势和新闻。

与互联网、智能手机和社交媒体紧密相连

重视多样性和包容性，注重个性和独特性

追求平等和个人成长

图1-1 "Z世代"的特质

其次，"Z世代"注重多样性和包容性，也注重个性和独特性。"Z世代"成长的时代是一个包容的时代，多元的文化在这一代人的生活中扮演着重要的角色。他们在全球化、数字化的社会中成长，受到了来自世界各地的文化和思想的影响，因此"Z世代"对多样化和包容性格外重视。同时，"Z世代"认为每个人都是独一无二的，每个人都有自己的喜好、价值观和风格。他们喜欢穿能体现自己个性的服饰，喜欢购买创新和独特的商品，喜欢追求新兴的潮流音乐和流行文化，并以此彰显自己的与众不同。

最后，"Z世代"追求平等和个人成长。

"Z世代"成长于多元文化盛行的时代，开阔的视野让他们更加注重平等。他们相信，只有做到平等，社会才能更加繁荣和进步。同时，"Z世代"重视个人成长，将自我提升视为生活的重要部分。他们不断学习和开发新的技能，并积极寻求个人发展的机会和途径。

总的来说，"Z世代"是充满活力、多元化和具有强烈社会责任感的一代人。了解"Z世代"的特质，能帮助品牌进一步靠近"Z世代"，收获更多的"Z世代"粉丝。

1.1.2 "Z世代"的圈层文化

◆ 什么是圈层文化

了解圈层文化对于我们理解这一代人的思维方式、消费趋势以及社交互动特点至关重要。在数字化时代，不同年龄的人们逐渐形成了独特的文化圈层，这种现象在"Z世代"中表现得尤为明显。

圈层文化，简而言之，是一群人因共同的兴趣、价值观、生活方式或身份而形成的文化群体。这些圈层可以基于各种因素，如年龄、文化、兴趣爱好等。在数字时代，社交媒体和在线社交平台是形成这些圈层文化的强大工具。

为什么要了解"Z世代"的圈层文化呢？首先，有助于企业或者品牌更好地理解这一庞大市场的消费行为和消费需求。其次，可以借此洞察年轻一代的价值观，以更好地满足他们的需求。最重要的是，了解圈层文化有助于构建沟通桥梁，促进跨世代的理解和合作。

◆ "Z世代"圈层文化的消费行为特点

"Z世代"的圈层文化表现出别样的消费行为特点，具体如图1-2所示。

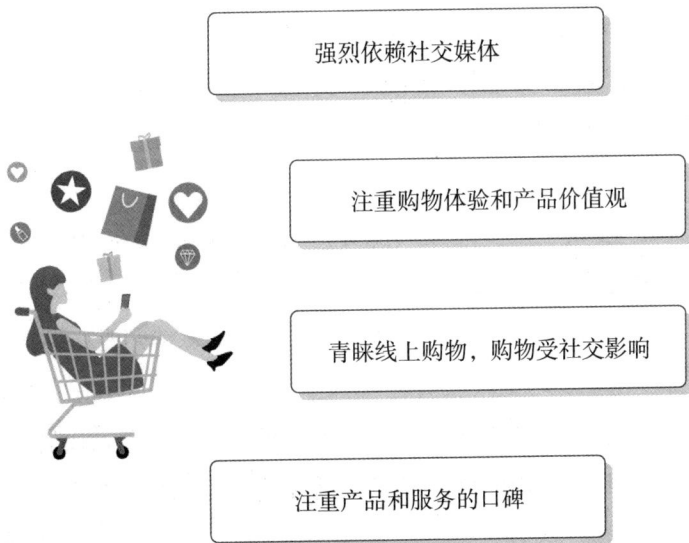

强烈依赖社交媒体

注重购物体验和产品价值观

青睐线上购物，购物受社交影响

注重产品和服务的口碑

图1-2 "Z世代"圈层文化的消费行为特点

第一，强烈依赖社交媒体。

"Z世代"常常活跃在各种社交媒体上，如微信、微博、QQ等，社交媒体成为"Z世代"圈层文化的主要承载工具。"Z世代"在这些社交媒体平台上分享生活的点滴，表达自己的观点，展现自己的个性，与朋友和家人互动。

第二，注重购物体验和产品价值观。

"Z世代"不追求传统的名牌和高档产品，而是更注重购物体验和产品附加价值。他们乐于体验新颖的消费模式和服务，支持那些对环境友好、关心社会问题的品牌。对于他们来说，购物不仅仅是填满购物袋，更是一种表达价值观的方式。

第三，青睐线上购物，购物受社交影响。

相比于线下购物，"Z世代"更倾向于线上购物，他们习惯于使用移动应用和电子支付来浏览和购买商品。同时，"Z世代"的购物与社交深度绑定，他们会向身边的朋友推荐自己喜欢的品牌和产品，也会根据朋友的推荐购买产品。

第四，注重产品和服务的口碑。

"Z世代"注重产品和服务的口碑，他们会在线上购物平台查看评论，从社交媒体平台、短视频平台查找测评文章和测评视频，并仔细研究这些线上评论和测评，以确保他们能够买到优质的产品。

总的来说，"Z世代"是自信、朝气蓬勃和多元化的一代人。他们的特质深刻影响着他们的生活方式、购物决策和消费行为。

营销智慧

面对挑剔的"Z世代"，避开这些雷区

想要打造符合"Z世代"的营销策略，发挥"Z世代"圈层的营销优势，品牌一定要避开这些雷区。

● 避免过度讨好。

"Z世代"是个性张扬的一代人，注重精神内涵、情感链接和平等沟通。如果品牌过于放低身段、过度讨好"Z世代"，反而会引起"Z世代"的反感，被他们认为是别有所图、不走心。

● 抛开性别刻板印象，避免打标签。

品牌针对"Z世代"圈层文化的消费行为特点设计营销内容时，要避免给男性或女性消费者打标签，如"女孩子就该穿得粉粉的"，以免给"Z世代"消费者留下品牌性别歧视、认知狭隘、格调不高的坏印象。

1.2

获取"Z世代"的信息
来源渠道

　　了解"Z世代"的特点对于企业、品牌或个人都至关重要，但要想真正理解"Z世代"，首先需要掌握获取他们信息的渠道。"Z世代"的信息获取方式与之前的人们有很大的不同，他们不再依赖传统媒体，而是通过社交媒体、在线社区和数字媒体表达自己的观点和兴趣。所以，要了解这一代人，就要深入他们的数字世界。具体来说，想要获取"Z世代"年轻人的信息，可以采用以下几种方式。

1.2.1 通过社交媒体平台获取信息

社交媒体是"Z世代"的大本营，他们在QQ、微信、抖音和微博等社交平台上秀自己，分享生活点滴。要了解他们，首先要进入他们的社交圈。

QQ是"Z世代"之间沟通的重要工具，QQ的界面丰富多彩，迎合了"Z世代"的喜好。他们将QQ用于日常沟通，QQ空间和动态可以看作他们传播信息的广场。

而微信既是社交媒体又是支付工具，是"Z世代"生活的一部分，在这里，他们分享最新的潮流信息和生活感受。从各种微信群组，尤其是那些关于时尚、美食、旅行话题的微信群组，可以充分了解到"Z世代"的喜怒哀乐。

抖音，这个短视频平台已经成为"Z世代"的宠儿。通过关注流行的抖音博主，可以了解"Z世代"的生活方式、喜好和审美趣味。

微博也是一个重要的信息源，很多"Z世代"的年轻人通过关注有影响力的微博大V，来获取社会和文化领域的最新资讯。通过这些微博红人的账号内容，品牌可以了解"Z世代"的关注点。

1.2.2 通过在线论坛和社区获取信息

在线论坛和社区也是"Z世代"最喜欢逛的地方，"Z世代"

热衷于使用豆瓣、小红书等平台，通过这些平台，可以获取"Z世代"的相关信息。

豆瓣是一个电影、音乐、图书爱好者的乐园，而小红书则是时尚和美妆的天堂。要想从这些平台获取"Z世代"相关的信息，可以加入各种小组和话题讨论，从中了解"Z世代"的喜好和需求。

在豆瓣，可以查看到"Z世代"的收藏清单，了解他们喜欢的艺术品、音乐和书籍，这是深入了解他们的窗口。

小红书则是"Z世代"关注时尚、美妆和购物种草的好地方，通过关注潮流产品的推荐，可以了解"Z世代"的购物习惯。此外，还可以通过小红书上的用户评论，获取对于产品的真实反馈，这将有助于理解他们的需求。

1.2.3 通过数据和研究报告获取信息

市场研究公司、社会学家和媒体机构不断进行关于"Z世代"的研究，通过他们的调查数据和报告可以更加全面地了解这一代人。

市场研究公司经常发布关于"Z世代"的消费趋势和喜好的报告，这些报告通常包括数据分析和见解，对于了解他们的消费行为和生活方式非常有帮助。

另外，社交媒体平台也会发布有关用户行为的数据报告，通过这些报告可以了解哪些内容受到了"Z世代"的欢迎，哪些话题是他们关注的焦点。

根据"Z世代"的圈层特点开展营销

    "Z世代"是一个充满活力和独特性的消费群体。他们的消费行为和偏好受到了数字科技和社交媒体的深刻影响。要想成功吸引这一消费群体，企业和品牌需要根据"Z世代"的圈层特点制定有针对性的营销策略，进而开展精准营销。

1.3.1 细分圈层，进行精准营销

    "Z世代"个体差异化较大，为了最大程度地实现营销目标，

品牌需要根据"Z世代"的不同喜好、兴趣、消费习惯等去细分圈层，制定适用于不同圈层的营销策略，以便实现精准营销。

1.3.2 细分赛道，选择合适的营销平台

品牌可在明确自身的品牌定位、"Z世代"圈层特点等基础上细分赛道，抓住年轻人的某一消费痛点，深耕特定领域，以实现品牌的跨越式突破。比如，王老吉从热爱辣味美食的年轻一代"怕上火"的消费痛点入手，多年来深耕凉茶领域，以"怕上火，喝王老吉"的"魔性"宣言火遍全国。

另外，"Z世代"对电子产品和社交媒体有着重度的依赖，因此营销者应充分利用社交媒体平台进行市场宣传，以吸引"Z世代"圈层。

不同的社交媒体平台适合不同类型的内容，营销者要善于利用不同社交媒体平台之间的差异，有针对性地开展营销。例如，抖音适合视觉内容，而小红书适合快速信息传播。品牌应该根据目标受众选择最合适的平台，并根据平台的特点来制定营销策略。

1.3.3 合理制定产品定价，考虑"Z世代"圈层的消费能力

"Z世代"的经济状况和购买偏好各有不同，因此营销者在定价时需充分考虑"Z世代"圈层的消费能力，合理定价，促进他们消费，具体可参考以下策略，如图1-3所示。

图1-3 根据"Z世代"圈层的消费能力合理定价的策略

◆ 分层定价

鉴于不同圈层的经济实力不同，采用分层定价策略是一个明智的选择。品牌可以为不同圈层提供不同的价格和套餐选项，以满足不同的需求。例如，可以提供基础、标准和高级版本的产品或服务。

◆ 引入灵活的价格选项

"Z世代"在消费时渴望拥有灵活性，为了迎合他们的喜好，提供不同的价格选项，如单次购买、订阅模式、分期付款等，可以让他们更容易根据自己的经济状况做出购买决策。

◆ 限时折扣和促销

限时性的折扣和促销活动对于吸引那些对价格更为敏感的"Z世代"消费者非常有效。此外，这种策略还可以增加购买的紧迫感，激发他们的兴趣。

◆ 追踪竞争对手

密切关注竞争对手的定价策略，了解市场价格趋势，对于制定合适的价格至关重要。

◆ 数据分析和反馈

使用数据分析工具来监测不同价格的销售情况和客户反馈，可以及时调整和优化定价策略，以满足"Z世代"的需求。

1.3.4 提供个性化体验，满足"Z世代"圈层的需求和偏好

为了吸引"Z世代"这一消费群体，营销者可以提供个性化产品或体验，以满足他们的需求和偏好。例如，一家鞋类品牌可以推出定制鞋款，允许消费者选择颜色、材质和款式，为消费者定制独一无二的鞋子。

品牌还可以利用人工智能和机器学习技术，根据"Z世代"消费者的浏览历史、购买记录和喜好等，为"Z世代"用户提供个性化的产品建议，满足"Z世代"消费者的需求，提高他们的购买率。

此外，品牌还可以根据"Z世代"消费者的兴趣和消费行为编辑短信内容，向他们发送个性化的营销短信。例如，一家电子商务网站可以根据消费者的兴趣向他们发送个性化的产品推荐短信。

【营销案例】

卫龙根据圈层特点开展营销，
成功吸引"Z世代"

卫龙是一家休闲食品公司，以辣条产品而闻名。卫龙成功地利用"Z世代"的特点来开展营销，特别是通过社交媒体上的互动性体验来吸引年轻消费者。

首先，卫龙充分利用微博、微信和抖音等社交媒体平台，发布有趣的辣条挑战视频和图片，以吸引年轻用户的注意。

其次，卫龙通过社交媒体平台开展有趣的互动式体验，满足"Z世代"喜欢参与和分享的需求。卫龙的明星产品是各种口味的辣条，而辣条挑战成为一项热门的社交媒体活动。卫龙鼓励消费者尝试不同的辣条口味，挑战辣度极限，并邀请他们分享自己的体验，建立了一个独特的社交互动。这种直接互动加强了品牌与消费者之间的联系，让消费者感到自己的声音被听到。

最后，卫龙虽然是国货老品牌，但它并没有一成不变，而是为了保持新鲜感，不断推出新的辣条口味，让用户一直对其充满着期待。

卫龙通过一系列针对"Z世代"圈层特点的营销策略，成功地吸引了不少年轻消费者。

第2章

圈层画像："Z世代"的营销定位

圈层
解码

圈层
画像

品牌
营销

圈层
渗透

文化
营销

线下
营销

线上
营销

颜值
营销

随着"Z 世代"逐渐成为消费的主力军，消费市场也随之发生着变化，主要特征为：年轻一代成为消费主力，新奇的体验和玩法成为主流；悦己消费时代来临，消费者开始为热爱买单；消费场景由传统消费开始转变为体验式消费，消费者更想获得即时体验的快乐。因此，针对"Z 世代"开展营销，首先要对"Z 世代"圈层进行画像，充分了解"Z 世代"的特点，进而明确营销定位。

2.1

活在社交媒体里的"Z世代"

"Z世代"是活在社交媒体里的一代，他们成长于电子设备触手可及的环境下，从小就开始接触互联网，对网络环境有着天生的敏锐感，是社交媒体中最为活跃的群体，也是完完全全活在社交媒体里的一代。

2.1.1 社交媒体是"Z世代"生活的一部分

在 21 世纪初期，IBM 商业价值研究院（IBM Institute for Business Value）与美国零售联合会（National Retail Federation）的一项研究表明，75% 的青年把社交媒体看成与自己的生活息息相关的存在。

对于"Z世代"来说，社交媒体不再是简单的工具，而是生活的一部分。"Z世代"注重个性和自由，他们用社交媒体来记录自己的想法，分享生活中的瞬间，表达自己的个性和特点。无论是旅行中的美景、美食，还是生活或工作上的进步，抑或是日常的琐事，"Z世代"都乐于在社交媒体上展示，对于他们来说，社交媒体是一本记录生活的日记，也是一个展示自我的窗口。

2.1.2　社交媒体是"Z世代"社交的重要方式

社交媒体不仅是"Z世代"生活的记录本，也是他们开展社交生活的主要渠道。

社交媒体沟通便捷，互动形式丰富，它打破了地域和时间的限制，使人们能够实时进行社交互动，因此深受"Z世代"的青睐。大多数"Z世代"与朋友、家人和陌生人之间的沟通都发生在社交媒体这个数字世界中。他们通过微信、微博、QQ等社交媒体，以信息、照片、视频等多种形式向朋友和家人分享自己的生活和感悟，与他们保持联系和互动。

对于营销者来说，拥有大量"Z世代"用户的社交媒体是开展营销的绝佳平台。营销者要充分了解"Z世代"在社交媒体里的"生存处境"，洞悉他们在社交媒体上的需求，将他们频繁使用的社交平台的特点与自身产品的功能属性结合起来，去思考与更新营销途径和目标，帮助他们解决实际问题，从而让自己的产品可以通过与社交媒体平台的有效联结，获得更高的曝光度与购买率。

2.2

电子设备重度依赖者

在"Z世代"眼里，手机不是"第一需求"，而是"唯一需求"。对他们来说，手机的用途已经不仅限于这款产品问世之初的功能，如打电话、发短信等，更多的是通过手机来实现现实与虚拟世界的转换与联结，并通过手机创造更便捷、更多样的用途，如订外卖、打游戏、进行社交或购物等。

正因为他们利用电子设备获得了几乎面面俱到的服务，所以他们也成了电子设备重度依赖者。不仅依赖电子设备进行娱乐、消遣，还因此形成了一些生活习惯。比如，他们依赖于通过电子设备享受更便捷的服务，比起出门去选购商品，他们更倾向于送货上门，对服务的期待与需求也在与日俱增，如图2-1所示。

图 2-1 "Z 世代"是电子设备重度依赖者

所以，对于"Z世代"消费者，营销的一大挑战就是，怎样利用最便捷、最有效的服务精准俘获"Z世代"消费者的心。慢条斯理地详细介绍产品可能已经不适用他们了，反倒是直接、具有冲击力、能迅速吊起人胃口、激发购买欲的营销方式更能抓住"Z世代"消费者的心。

出于对电子设备的依赖，"Z世代"消费者倾向于利用网络平台解决自己的衣食住行，比如在网上订外卖、订宾馆、订车票等。而与此同时，他们的消费需求与消费理念也会显现在各种线上平台上。所以，在营销过程中，要充分了解每个线上平台的营销特点、风格与侧重点，然后根据"Z世代"消费者的喜好制定适合的营销策略。

值得注意的是，由于"Z世代"消费者对电子设备的依赖已经形成一种习惯，这导致他们对市场营销非常熟悉与敏感，究竟是客观描述还是夸大其词，是虚假营销还是有质量保证，他们都可以迅速分辨出来。他们可以轻易看穿一些营销背后的套路，太过夸张的营销方式在他们眼中可能是商家的"自娱自乐"，所以在面对"Z世代"消费者时，营销者应该寻求更加稳定、更切实际的营销方式，以迎合"Z世代"消费者的消费习惯。

悦己至上，为热爱买单

随着"Z世代"的逐渐成熟，悦己消费的时代也正式来临。"Z世代"是追求自我、追求个性的一代，他们更注重个人体验感受。比起"千禧一代"相对保守的消费模式，"Z世代"消费者喜欢尝试新鲜事物，更愿意为热爱买单。

一般情况下，"Z世代"的消费需求通常有两个，一个是产品功能，另一个是产品体验，不仅要好用还要"赏心悦目"。他们宁可付出更多的物质交换，也要选择自己最心仪的产品。他们既为热爱买单，也为自己买单。

对于"Z世代"消费者来说，兴趣是他们消费的原动力，他们愿意熬夜等待，只为买到期待已久的新款电子设备；或者在日常生活中省吃俭用，只为集齐他们热爱的手办收藏；即使在多次失望之后，他们还会继续购买盲盒，渴望抽到稀有隐藏款。因此，兴趣是"Z世代"消费者购物的动力，影响着他们的消费行为和购物决策。

所以，面对"Z世代"消费者，营销时需要注意的就是投其所好，如图2-2所示。

了解兴趣

探索喜好

图 2-2　面对"Z世代"消费者，要投其所好

首先，要深入了解"Z世代"消费者的兴趣，从他们的兴趣出发开展营销。比如，瑞幸咖啡为了迎合"Z世代"，与他们感兴趣的《JOJO的奇妙冒险6：石之海》进行联名，成功吸引了众多JOJO的粉丝前来购买咖啡。

其次，探索"Z世代"消费者的喜好，并投其所好。如果"Z世代"消费者比较喜欢商品的颜色，那就不要过多强调商品的大小；如果"Z世代"消费者很在意商品的背景与寓意，就可以着重去宣传品牌的创立初衷以及历史传承，以迎合消费者的喜好。

总之，在与"Z世代"消费者互动的过程中要注意挖掘和迎合他们的兴趣和喜好。一方面，可以通过观察"Z世代"消费者对产品的反应来判断他们对产品的喜爱程度。另一方面，可以引导"Z世代"消费者表达自己对产品的解读，并对他们的观点与看法表示认同与称赞，因为在"Z世代"消费者眼里，比购物更重要的是购物体验，比合适更重要的是热爱。

【营销案例】

挖掘"Z世代"消费者的兴趣需求

流体熊，无疑是迎合了"Z世代"群体消费需求与消费观念的一种新式潮玩商品，备受"Z世代"消费者的喜爱。

流体熊经营者曾经在直播间将流体熊的制作流程曝光在消费者的视线中，让消费者可以亲眼见证商品的诞生过程，使消费者获得了极大的满足感。

一位年轻的消费者在某直播间里看到流体熊的制作流程，立马就被吸引了，极具视觉冲击感的配色加上颜料随机流动而成的个性图案，激发了她想要定制一款流体熊的热情。当家人不理解为何她非要花很多钱买一个摆件放在家里的时候，她则表示当看到颜料从熊的身体上流下来时，感觉十分畅快，而且每一个流体熊都是独一无二的。

流体熊经营者正是抓住了"Z世代"消费群体追求独特体验与个性表达的心理，挖掘"Z世代"消费者的兴趣需求，刺激"Z世代"消费者的体验欲望，实现成功营销。

即刻消费，获得即时体验的快乐

相关调研数据显示，"Z世代"中大部分人群，每个季度都会产生进电影院看电影或进行旅游等体验式消费，而在这种体验式的消费过程中，"Z世代"最重视的就是消费体验。此外，密室逃脱、剧本杀等体验式项目，也很受"Z世代"消费者的欢迎。对他们来说，为体验、服务消费是物超所值的，甚至不能用金钱的多少来衡量。他们喜爱追求刺激感和体验感，希望接触各种不同的新鲜事物。创新奇特的玩法和体验也成了这代人的共同追求，体验式消费正一步步取代着传统消费。

当他们购物时，感性的一面会占据主导位置，产生即刻消费的欲望。作为营销者，需要审时度势，适当利用"Z世代"消费者的这种心理，促使他们进行即刻消费，从而达成交易，具体如图2-3所示。

营造利于购物的良好环境与服务

允许消费者试用

适当推出优惠活动刺激消费者

图 2-3　促使 "Z 世代" 即刻消费的方法

　　首先，要创造一个有利于购物的良好环境，并提供优质的服务。消费者即刻消费会受到商店的购物环境与服务的影响，店铺的装修风格、灯光设计、商品摆放、销售员的服务态度等都会影响消费者的购物体验。

　　其次，允许消费者试用。允许消费者试用，就是让消费者可以现场体验商品的功能，了解商品的质量，从而优化消费者的体验感受，让消费者信任产品，产生拥有产品的渴望。

最后，适当推出优惠活动刺激消费者。优惠活动是为了吸引消费者产生购买行为，诱人的优惠条件让消费者觉得当下购买是最合适的时机，从而刺激他们即刻消费的欲望，如图 2-4 所示。

图 2-4　多样化网购优惠促进"Z 世代"下单购物

总之，在给"Z 世代"消费者提供产品和服务时，如果能够带给他们与众不同、前所未有的即时体验，就更容易获得他们的认可与喜爱。

注重个性差异，用产品表达自我

　　"Z世代"成长的时代，资源众多，物质丰富，可选择的品牌与产品也数不胜数。他们被大量互联网信息环绕，不乏便捷的获取渠道，这就使得他们的视野更为宽广，在消费中的个性化需求也更加强烈。比起随波逐流，"Z世代"更注重自我观照，用产品表达自我。麦肯锡的研究报告显示，"Z世代"对"独特"的产品与服务更感兴趣，在"Z世代"消费者中，超过一半的人会选择能提供个性化产品的品牌，而在这些人中，又有超过一半的人会选择能提供定制服务的品牌。

　　因此，在营销过程中要充分认识到"Z世代"消费者的这种强烈个性化需求，并采取相应的策略来满足他们的需求，具体如图2-5所示。

图 2-5　如何满足"Z 世代"消费者的个性化需求

　　首先，提供定制化选项。为了满足"Z 世代"消费者的个性化需求，品牌可以提供定制化选项。比如，定制化的产品设计、颜色选择、尺寸调整等。允许消费者参与产品的创造过程，不仅可以增强产品的差异性，更能增强消费者的参与感，满足他们的个性化需求。

　　其次，注重产品的创新性和独特性。"Z 世代"消费者用产品表达自我，他们购买更具创新性和独特性的产品来彰显自己独到的眼光或与众不同的品位。因此，在进行营销时需注重和强调产品的创新性和独特性，吸引那些爱尝鲜、追求个性的消费者，以满足他们的好奇心，让他们在品牌中找到归属感和认同感。

　　最后，深挖产品文化内涵，与消费者建立情感联结。一些产品背后有着崇高的文化价值追求，这种文化价值能够与"Z 世代"消费者的情感和价值观产生共鸣。这种文化价值不仅是产品背后的故事，更是产品与"Z世代"消费者之间建立情感联系的桥梁。

比如，某服装品牌的标语是"一件会发芽的衣服"，品牌寓意为"新的开始，新的希望"。每件服装吊牌上都有一颗种子，取下来可以放在土里种植。正是这种阳光向上的产品理念吸引了很多"Z世代"消费者。年轻人购买这种服装，正是为了表达他们积极向上的价值观。

2.6

趣味创新，"稀缺"产品有更大的吸引力

"Z世代"消费者通常对打破传统设计模式的产品更感兴趣，因为他们更青睐独一无二的商品与服务。比起随处可见的大众产品，"Z世代"消费者更关注小众品牌。他们不太看重品牌的影响力与知名度，而是更关心产品的创意性与趣味性。尤其是那些带有限量款、限时销售等标签的产品，往往对"Z世代"消费者有更大的吸引力。

稀缺性不仅能使商品本身升值，也能迎合"Z世代"消费者追求独特与个性的心理。一些工艺复杂或者设计冷门的商品，由于成本和受众的原因，不会被大批量生产，而这类产品的有缘人，往往出现在"Z世代"的消费者中。因为"Z世代"消费者在判断一件产品是否值得购买时，通常首先考虑的一个关键问题就是它的"数

量"。他们仿佛对"稀缺"产品有着一种与生俱来的偏好,"稀缺"往往能满足他们追求与众不同的心理,符合他们为热爱买单的消费观。

因此,营销者应充分利用"Z世代"消费者对产品趣味创新性和稀缺性的追求,制定合理的营销策略,激发"Z世代"消费者的购买欲,具体可参考图 2-6 所示的方法。

图 2-6 增加产品趣味创新性和稀缺性的方法

第一,跨界联名创新,碰撞出不一样的火花。跨界合作,联名创新,能够让"Z世代"消费者感受到产品的独特性和稀缺性,从而激发他们的购买兴趣。

比如，瑞幸咖啡与茅台酒跨界合作，推出"酱香拿铁"咖啡，这一趣味创新产品一经上市立刻吸引了消费者的目光，首日销量便突破 500 万杯。

第二，在产品中添加创意元素。营销者可以选取一些小众的、具有创意的元素加入产品中，以吸引消费者的目光。这些创意元素既可以是富含创意的产品名称，也可以是新奇的产品包装或内容。

灵隐寺周边商户为了吸引游客，推出了一系列创意奶茶产品，这些奶茶的名称颇具创意，富含禅意，如"脱离苦海""碎碎浮生""无忧观音"等，每份奶茶产品的外包装上还附赠了一个精致的小茶壶，别具一格的命名方式和趣味创新设计立刻吸引了"Z 世代"消费者的关注和购买。

第三，发布限量版产品。推出限量版产品是制造稀缺感的经典方法。通过宣布产品的数量有限，品牌可以激发"Z 世代"消费者的紧迫感，让他们感到必须尽早购买，以免错过机会。在社交媒体上使用这一策略可以进一步加强消费者的兴趣。

第四，限时销售。限时销售是另一种制造稀缺感的有效方法。品牌可以设定一个有限的销售时间窗口，通常是几天或几个小时，只有在这个时间段内才能购买特定产品或享受折扣优惠。这种策略会促使消费者尽快采取行动，以确保自己不会错过限时活动。

营销
智慧

用营销话术来提高产品的稀缺感

通过一定的话术可以提高产品的稀缺感，激发"Z世代"消费者的购买欲。营销者在营销过程中可参考以下话术。

- 仅有100件限量版产品。
- 限时销售，仅剩最后几个小时。
- 只限当季售卖，再买要等一年。
- 该款产品首次在市场上推出售卖。
- 这款产品只对会员售卖。

第3章

圈层渗透：
与"Z世代"
玩在一起

圈层解码

圈层画像

品牌营销

文化营销

圈层渗透

线下营销

线上营销

颜值营销

在当今数字化世界中，与"Z世代"玩在一起已经成为品牌营销的一项重要挑战。"Z世代"是数字原住民，他们在互联网、社交媒体和移动技术日益发达的环境中长大，拥有鲜明的个性特点和独特的消费习惯。想要与"Z世代"玩在一起，首先要划分"Z世代"圈层，试图打入圈层内部，其次要为"Z世代"提供深层次的互动及个性化的体验，这能有效增加"Z世代"消费群体的忠诚度，帮助品牌从激烈的市场竞争中脱颖而出。

3.1

圈层划分，锁定目标群体

在当今竞争激烈的市场中，成功的品牌营销不再只是大规模发散信息，还包括精确锁定目标。圈层划分和锁定目标群体成为品牌成功的关键因素。了解受众的需求、价值观和兴趣，然后通过有针对性的策略与他们深入互动，是实现品牌营销目标的有效途径。

3.1.1 处于不同年龄段和生活阶段的"Z世代"

"Z世代"是人们眼中的新时代人群，拥有鲜明的共性。另外，以不同年龄段和生活阶段划分，"Z世代"内部大致可分为青少年、大学生、职场人这三个不同的消费群体，如图3-1所示。

　　这三大群体的生活环境、消费习惯和兴趣都有着不小的差别，品牌营销者需要根据这些消费群体各自的消费习惯、兴趣来定制营销策略，以更好地吸引和满足不同阶段的"Z世代"消费者。

图 3-1　处于不同年龄段和生活阶段的"Z世代"

◆ "Z 世代"青少年消费群体

处于青少年阶段的"Z 世代"通常对数字技术非常熟悉，已经开始使用智能手机和平板电脑。而且这一年龄段的"Z 世代"通常已经开始独立思考，对社交媒体有浓厚兴趣，开始形成自己的品位和兴趣爱好。

另外，"Z 世代"中的青少年消费群体往往能够影响父母的消费决策。因此，品牌要积极接纳青少年消费群体，拉近与青少年消费群体的心理距离，以提高品牌认知度。

比如，巧乐兹品牌对青少年心理健康问题十分关注，曾推广青少年心理健康公益行动，引起很多青少年消费者的关注，为品牌赢得了一波好感。

◆ "Z 世代"大学生消费群体

大学生是"Z 世代"消费群体中的主体，校园消费市场也展现出巨大的潜力。对于大小品牌而言，若能成功赢取"Z 世代"中的大学生消费群体的青睐，无疑会为品牌发展提供更多可能。所以，掌握针对"Z 世代"大学生消费群体的营销要点很有必要，具体如图 3-2 所示。

掌握大学生的消费习惯、喜好

制定校园营销策略，抢占市场

利用社群、校园公众号等进行营销

优化产品性能、包装，吸引大学生的注意

图 3-2　针对"Z 世代"大学生消费群体的营销要点

◆ "Z 世代"职场人消费群体

　　这一年龄段的"Z 世代"已经进入职场生活，他们通常有更多的经济自主权。他们可能更关注产品的质量、实用性和可持续性。品牌可以提供高品质、可持续和个性化的产品或服务，以满足这一年龄段的"Z 世代"消费者的需求。此外，提供便捷的购物体验和定制选项也会对这一群体产生吸引力。

　　总之，了解"Z世代"不同年龄段的特点和需求是制定成功的品牌营销策略的关键。品牌需要与这一多样化的消费者群体建立联系，提供与他们的生活阶段和兴趣相关的价值和体验。

营销
智慧

"Z世代"中大学生消费群体的消费特点

　　"Z世代"中的大学生群体视野开阔、个性十足，想要吸引他们的注意，首先要了解这一群体的消费特点。

　　● 追求潮流。"Z世代"中的大学生群体往往对社会热点有着极大的兴趣，愿意为潮流物品买单。

　　● 容易冲动。"Z世代"中的大学生群体尚未真正走入社会，并未形成正确、完整的消费观念，因此比较容易冲动消费。

　　● 多元开放。"Z世代"中的大学生群体对新鲜事物的接受程度较高，他们的消费行为整体呈现多元、开放的趋势。

3.1.2 以不同的兴趣划分"Z世代"圈层

"Z世代"兴趣广泛,"愿意为兴趣买单"是"Z世代"的消费特点之一。通过了解并参与不同的"Z世代"兴趣圈层,品牌可以更精确地定位自己的目标受众,并提供与其兴趣和价值观相关的产品、服务和体验。这有助于建立更深层次的品牌忠诚度,并在市场中取得竞争优势。"Z世代"圈层划分如图3-3所示。

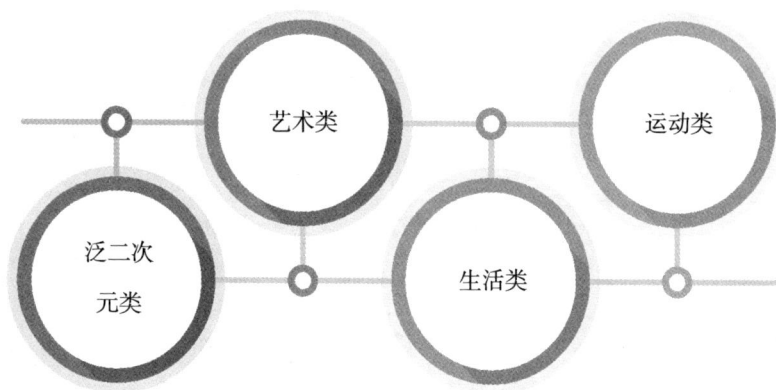

图3-3 以不同的兴趣划分"Z世代"圈层

◆ 泛二次元类

二次元,一开始指的是"二维空间",在"Z世代"群体中具有极高的热度。二次元文化的主要受众正是"Z世代"群体。

泛二次元类作品包括动漫、游戏、轻小说等，丰富至极，并由此构成了不同的兴趣圈层，如图3-4所示。

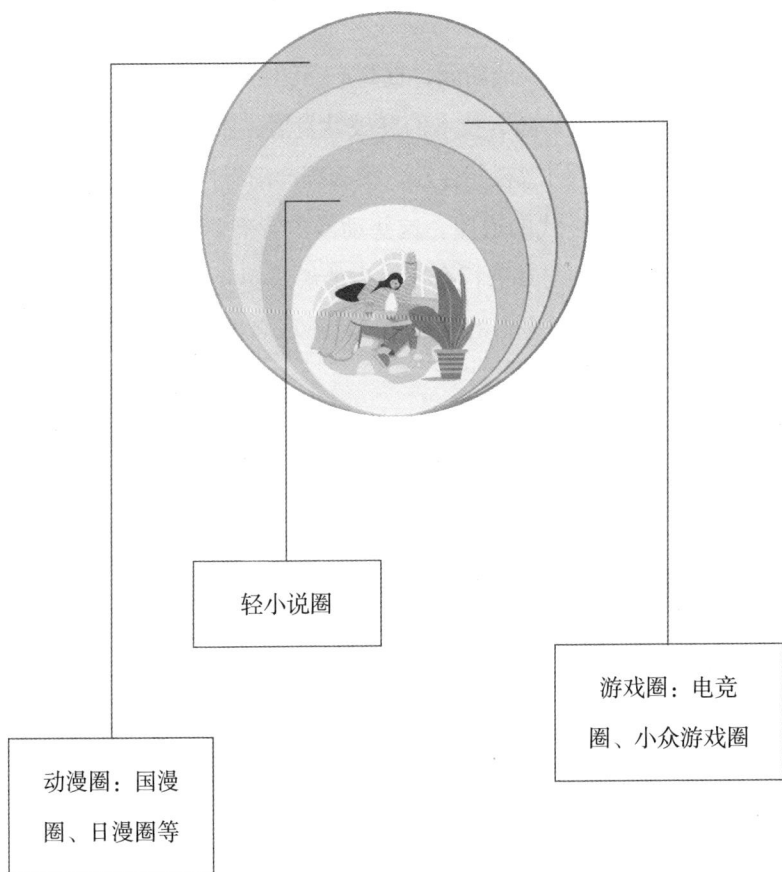

轻小说圈

游戏圈：电竞
圈、小众游戏圈

动漫圈：国漫
圈、日漫圈等

图3-4 "Z世代"泛二次元类兴趣圈层

其中，最值得一提的是动漫圈和游戏圈。

（1）动漫圈。"Z世代"是受动漫影响很深的一代，无论是童年记忆中的国外经典动漫，还是正在崛起的国产动漫，都深刻地影响了"Z世代"的生活。

首先，不少年轻人可能对一些国外经典动漫作品中的角色有着强烈的情感链接。品牌可以与动漫IP合作推出相关产品或限量版商品，以吸引这一圈层的粉丝，提高产品销量。

另外，近年来，随着技术的突破性发展，中国动漫开始崛起，成为动漫市场上不可忽视的存在。很多国产动漫作品开始走向大荧幕，并获得年轻一代的追捧。这些动漫电影有着强大的辐射影响力，如果品牌能够与其进行合作，也能够吸引年轻消费者的关注。比如，瑞幸曾与腾讯平台的一部国产动漫联名推出国风饮品，受到了年轻一代消费群体的好评。

此外，参与或开展动漫展会及相关活动也是一个与"Z世代"建立联系的好方法。

（2）游戏圈。游戏也是二次元创作中的重要部分，许多"Z世代"都热衷于打游戏，在游戏世界里获得快乐。

品牌可以通过赞助电竞比赛、推出游戏相关的内容或设备等方式吸引游戏爱好者的关注。此外，推出与游戏相关的商品可以增加品牌的吸引力，让更多"Z世代"前来消费。

◆ 文化艺术类

文化艺术在彰显"Z世代"个性态度、价值理念等方面发挥着重要的作用。对不同类型的文化艺术产生浓厚兴趣的"Z世代"自发地形成了一个个特色鲜明的圈层，在文化、艺术消费市场中的影响力越来越大，如图 3-5 所示。

为了打入"Z世代"艺术类兴趣圈层的内部，增强品牌的认知度，品牌营销者有必要掌握这些兴趣圈层的具体分类情况，深挖其受众的消费特征，在此基础上制定一系列有针对性的营销策略。

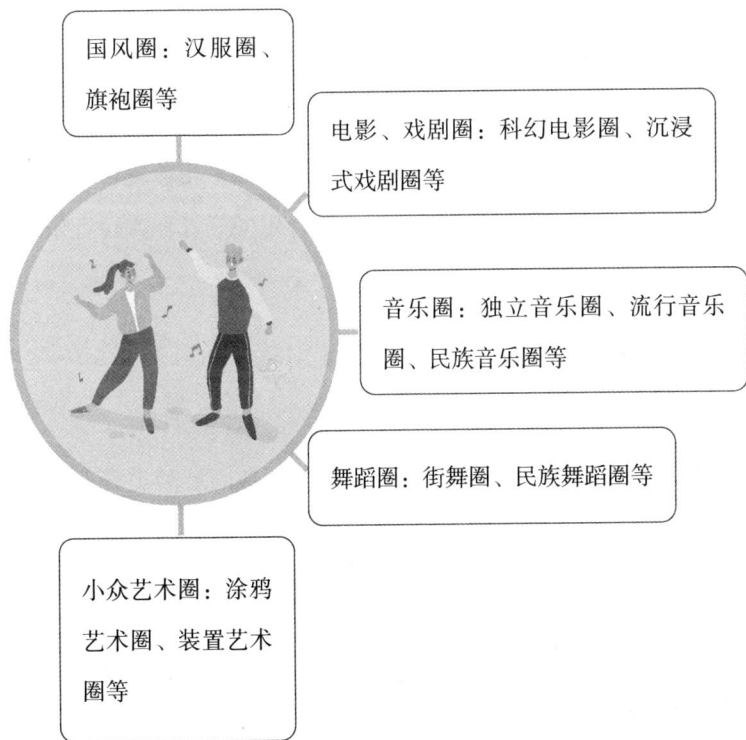

国风圈：汉服圈、旗袍圈等

电影、戏剧圈：科幻电影圈、沉浸式戏剧圈等

音乐圈：独立音乐圈、流行音乐圈、民族音乐圈等

舞蹈圈：街舞圈、民族舞蹈圈等

小众艺术圈：涂鸦艺术圈、装置艺术圈等

图 3-5 "Z世代"艺术类兴趣圈层

其中，国风圈是近些年来较火热的"Z世代"兴趣圈层之一，越来越多的年轻人选择拥抱传统文化。而随着国风圈的影响力与日俱增，不少国货品牌趁势崛起，席卷年轻人市场。

另外，无论是电影、戏剧，还是音乐、舞蹈等艺术形式都带给"Z世代"独特的体验，并直接推动了圈层经济的发展。品牌若能成功进入这些艺术类兴趣圈层的内部，就能实现吸引、聚集"Z世代"粉丝，提升营销效能，扩大品牌影响力的目标。

比如，对于热爱音乐的"Z世代"而言，他们追求独特的音乐体验，更愿意为音乐内容付费。品牌可以通过赞助音乐活动或音乐节、制作与音乐相关的广告、与音乐人合作推出音乐作品等方式实现营销目的。

Spotify 就是通过与音乐节、艺术家合作和发布独家音乐，吸引了不同音乐圈层的年轻用户，包括独立音乐爱好者和流行音乐迷。

◆ 生活类

在"Z世代"的兴趣圈层中，生活类兴趣圈层种类繁多、内容丰富多元，如图 3-6 所示。品牌以这些圈层为桥梁，与"Z世代"建立深厚的情感链接，就很容易从中发现各种机遇，为品牌发展增势赋能。

对于身处不同生活类兴趣圈层的"Z世代"而言，很多时候他们之所以愿意下单购买，就是为了践行自己的生活理念，活出不一样的风采。一旦品牌营销者抓住了"Z世代"的消费逻辑，就能最大限度地挖掘他们的消费潜力。

宠物圈：猫圈、狗圈、兔圈、鹦鹉圈等

手作圈：手账圈、史莱姆圈等

享受生活圈：美食圈、旅行圈、露营圈、潮流时尚圈等

图 3-6 "Z 世代"生活类兴趣圈层

比如，近些年来，史莱姆泥在年轻人中变得越来越受欢迎，史莱姆圈①也随之形成，成为年轻人交友、释放压力的渠道之一。随着史莱姆热的兴起，喜茶趁势推出以史莱姆为原型制作的慕斯蛋糕新品，吸引了大批年轻人进店消费。

---

① 一种黏胶玩具圈。史莱姆原指黏土，后演变成一种泥状玩具的代称。

◆ 运动类

　　"Z世代"中的很多人都追求健康生活，这也促进了各种运动类兴趣圈层的兴起，如图3-7所示。而运动类消费也在"Z世代"消费群体的生活中占据着不小的比重，令很多企业、品牌看到新商机。

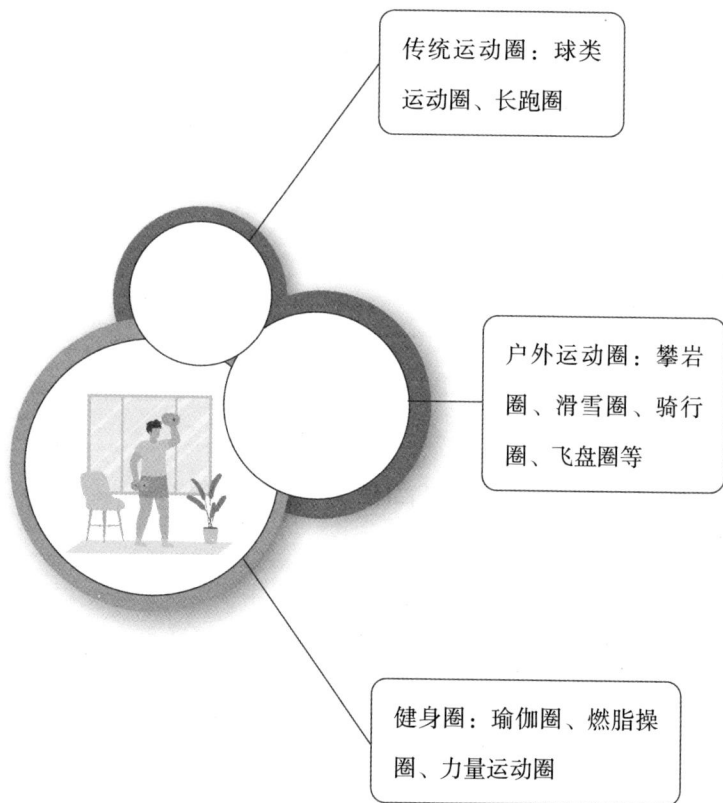

传统运动圈：球类运动圈、长跑圈

户外运动圈：攀岩圈、滑雪圈、骑行圈、飞盘圈等

健身圈：瑜伽圈、燃脂操圈、力量运动圈

图3-7　"Z世代"运动类兴趣圈层

运动类兴趣圈层也是品牌联结"Z世代"消费群体的渠道之一。运动类品牌可以根据不同圈层的特点，推出更符合"Z世代"消费要求和审美品位的产品。另外，品牌也可以与运动明星或知名健身博主合作，以吸引这一圈层群体的关注。

比如，The North Face就是通过赞助登山、滑雪和户外冒险活动以及与专业运动员合作，建立了与户外圈和极限圈的联系，从而收获了一批忠实的"Z世代"消费者。

总之，理解不同的"Z世代"兴趣圈层是一项关键的品牌营销策略。通过建立深入的互动和联系，品牌可以在市场中赢得忠诚度，同时也增强了自身的文化吸引力。

3.1.3 锁定目标群体

在针对"Z世代"的营销策略中，深挖不同的兴趣圈层、锁定目标群体是品牌取得成功、实现爆炸式增长的关键。

那么，如何锁定目标群体呢？可参考以下建议。

（1）明确品牌定位，细分市场，锁定营销方向

品牌想要锁定目标群体，首先要明确自身的品牌定位、资源优势与不足、发展方向、长短期目标等，然后，罗列与品牌、产品相关的"Z世代"兴趣圈层，分析其特色，并据此细分市场，评估各市场的规模、潜力、竞争状况等，在此基础上锁定营销方向，如图3-8所示。

明确品牌定位，细分市场，锁定营销方向

选出合适的、具有开发潜质的"Z世代"兴趣圈层

分析圈层特点，画出"Z世代"消费者画像

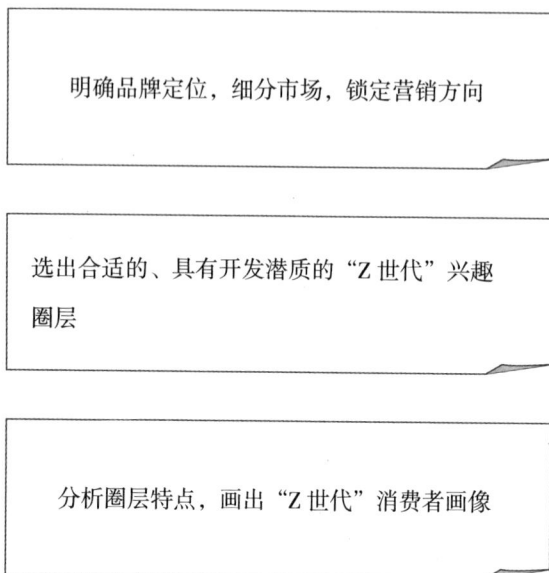

图 3-8　这样做，锁定目标群体

（2）选出合适的、具有开发潜质的"Z世代"兴趣圈层

品牌营销者需从不同的兴趣圈层中选出一个或多个合适的、具有开发潜质的圈层，为下一步布局"Z世代"消费市场做好铺垫。

选对圈层，对品牌未来的发展至关重要。比如，Adidas作为一家成功的运动品牌，特别关注"Z世代"中的街头文化爱好者。通过与年轻的潮流文化相结合，Adidas能够迅速吸引年轻人，特别是那些喜欢街头时尚和音乐的年轻人。与知名艺人和设计师的合作以及定制限量版产品的推出，使Adidas在"Z世代"街头文化爱好者中拥有强大的品牌影响力。

（3）分析圈层特点，画出"Z世代"消费者画像

选出合适的营销圈层后，品牌要着重分析圈层的兴趣特点、消费需求与痛点、审美风尚等，以此创作"Z世代"消费者画像，并根据画像制定完整的、有针对性的营销策略。

总之，品牌锁定目标群体，打入"Z世代"兴趣圈层内部，与"Z世代"玩在一起，才能焕发出新的活力，实现预期营销目标。

3.2

寻找意见领袖，
打入圈层内部

在当今社交媒体主导的世界中，寻找意见领袖并融入特定社交圈层已成为品牌成功的关键策略。这些意见领袖拥有独特的影响力，能够引领和塑造他们所在社交群体的观点和趋势。通过与意见领袖建立密切的联系，并利用他们的声誉和知名度，品牌可以更深入地与"Z世代"互动，提高品牌认知度和信任度。

3.2.1　什么是意见领袖和关键意见领袖

◆ 意见领袖

意见领袖，是媒体传播学术语，指的是群体中社交范围较广、消息较为灵通，具有一定的影响力，能够用自己的想法去改变他人想法、左右他人态度的少部分人。

意见领袖与被意见领袖影响的人可能在身份、地位上并没有特别大的差别，但意见领袖一般都是人群中获得更多信赖的那一群人，所提的意见一般也更容易受到人们的重视。

◆ 关键意见领袖

关键意见领袖，是营销学术语，指的是在专业领域内拥有更多知识、技能、话语权，能够对其他人产生深远影响的少部分人士。

在社交媒体平台上，关键意见领袖可能是网红大 V、行业专家、社会名人等，他们的一举一动都可能对"Z 世代"消费群体产生莫大的影响。与关键意见领袖合作，能提升品牌的知名度和信赖度。如图 3-9 所示。

知识丰富、专业性强、对新鲜事物的接受度强

发表的意见、声明能对他人的购买决策产生影响

被"Z世代"群体密切地关注

能帮助品牌打入"Z世代"圈层内部，为品牌发展赋能

图 3-9 关键意见领袖的特质和重要性

3.2.2 寻找适合的关键意见领袖

品牌想要找到适合的关键意见领袖，需要考虑关键意见领袖与品牌、目标市场的匹配性等多方面的因素，要进行一系列社交媒体追踪和分析，并建立关键意见领袖档案。

◆ 了解品牌目标群体

首先，我们要了解品牌的目标群体是谁，他们的兴趣、需求和价值观是什么，对品牌的信赖程度如何，通常活跃在哪些社交媒体平台上，这是找到合适的关键意见领袖的第一步。

◆ 明确合作目标

在寻找关键意见领袖前，先明确与其合作的目标，根据具体的目标来选择不同的合作对象。比如，如果这次合作的目标是推广新品，将新品打造成网红产品，不妨选择与当前热度较高的博主、人气大V合作；如果这次合作的目标是提升品牌受众黏性，增强品牌的信任度，不妨选择与形象正面、口碑较高、在专业领域内颇有建树的专家、权威人士合作。

◆ 利用社交媒体检测工具提高寻找效率

不同的社交平台上往往活跃着不同行业的关键意见领袖。这种情况下，品牌可以利用先进的社交媒体监测工具，如利用腾讯推出的"微信指数"等来寻找潜在的、合适的关键意见领袖。这些工具可以帮助品牌迅速了解哪些社交账号在特定领域或行业内拥有较高热度和关注者，从而缩小搜索范围，提高寻找效率。

◆ 进行筛选，锁定合作对象

　　通过社交媒体监测工具选定大致的范围后，再在综合考虑多方面因素的基础上去进行筛选，直至寻找到一位或多位与品牌形象、气质较为契合的关键意见领袖。筛选时需要考虑的因素如图 3-10 所示。

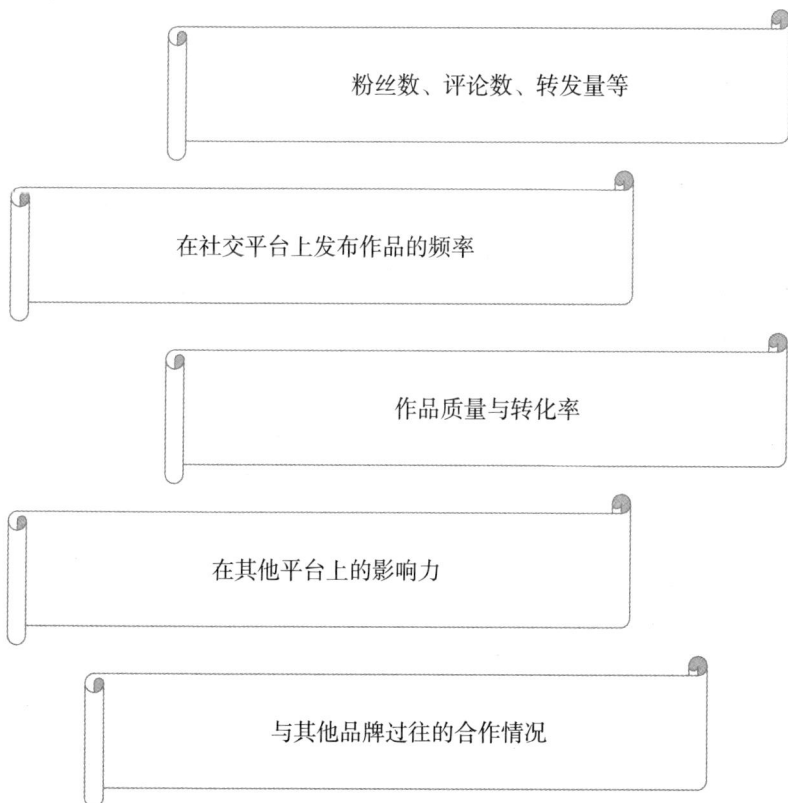

粉丝数、评论数、转发量等

在社交平台上发布作品的频率

作品质量与转化率

在其他平台上的影响力

与其他品牌过往的合作情况

图 3-10　筛选时需要考虑的因素

◆ 建立关键意见领袖档案

品牌最好同时与不同的关键意见领袖建立合作，以加大宣传力度，降低风险。为了方便管理，品牌在选定关键意见领袖后，最好及时建立关键意见领袖档案，这也能为之后的合作奠定良好的基础。

档案内容包括：关键意见领袖的个人信息，如姓名、微信、电话等；关键意见领袖的平台信息，如粉丝量、创作领域、擅长领域等；双方的合作方式；等等。

3.2.3 有效利用关键意见领袖的影响力

关键意见领袖往往在社交网络圈中拥有较高的热度，他们所经营的社交媒体账号往往拥有数量较多的粉丝。如果能够有效地利用关键意见领袖的影响力，便可以更好地推广品牌。

◆ 与关键意见领袖建立深度、密切的合作

品牌想要将关键意见领袖的社交媒体账号变成己方的宣传阵地，首先要和关键意见领袖建立深度、密切的合作，以确保吸引年轻受众。合作方式如图 3-11 所示。

担任品牌形象大使或为产品代言

发布真实测评视频、种草笔记等

与品牌联名推出特色产品

参加品牌举办的各种活动

联手直播带货

图 3-11　品牌与关键意见领袖的合作方式

（1）担任品牌形象大使或为产品代言

品牌可邀请各大平台上的关键意见领袖担任品牌的形象大使，代表品牌宣传和推广产品。比如，护肤品品牌巴黎欧莱雅曾与某位拥有大批"Z世代"拥趸者的美妆与时尚博主签约，使其成为品牌的形象大使，产生了不错的宣传效果。

（2）发布真实测评视频、种草笔记等

品牌也可以和关键意见领袖协定发布产品软广，比如发布真实测评视频、种草笔记等，通过这样的方式展开合作。

比如，Lululemon 是一家以健康生活方式为核心的运动服饰品牌，其核心受众是年轻的运动和健身爱好者。Lululemon 与具有健康和活力形象的关键意见领袖合作，如健身博主、瑜伽普拉提爱好者等，向他们推广品牌、营销产品，这些关键意见领袖使用后，便可以对自己的粉丝进行推广。关键意见领袖可以撰写博文或制作视频，详细展示产品的使用方式、效果和实际价值。确保这些内容是有趣的、有吸引力的，并能够吸引目标受众。他们发布的测评视频、种草笔记往往能得到很多年轻人的观看、转发和评论。

（3）与品牌联名推出特色产品

品牌还可以与关键意见领袖联名推出特色产品，利用关键意见领袖的影响力打动"Z世代"消费者。

比如化妆品品牌贝玲妃曾与某位红极一时的美妆博主合作推出联名款产品"眉妆蜜友盒"，深受"Z世代"消费者的追捧。

（4）参加品牌举办的各种活动

关键意见领袖还可以参考品牌举办的各种线上线下活动，如线上问答、抽奖活动、线下新品发布会等，吸引"Z世代"粉丝参与，扩大品牌、产品的曝光度。

比如，喜茶曾开展线上"喜悦东坡"活动去推广新品，为了扩大活动影响力，喜茶诚挚邀请某位深受年轻人喜欢的古代文学研究专家参与这次线上活动。而这次合作果然取得了不错的营销效果。

（5）联手直播带货

品牌还可以邀请关键意见领袖联手直播带货，以提高产品销量，获取更多利润。比如，劲仔食品曾邀请多位新媒体达人进行网络直播带货，直播间里聚集了大批年轻受众，很多产品的销量都创下了纪录。

◆ 与关键意见领袖保持互动

品牌与关键意见领袖建立合作关系后，还要时不时地与关键意见领袖互动，加强联系。通过互动，品牌可及时了解关键意见领袖的推广效果、粉丝反馈，收集关键意见领袖本人及其粉丝对品牌、产品的建议，在此基础上优化产品、改进营销策略。

另外，品牌与关键意见领袖保持联系，共同策划新的内容和活动，能够给"Z世代"粉丝群体带来持久的新鲜感，令其保持活跃度。

当然，品牌也可以站在己方的立场上对关键意见领袖发布的软广内容提出有针对性的建议，或者向关键意见领袖介绍相关社交媒体分析工具或关键字跟踪等方法，使得关键意见领袖所发布的营销内容质量更高、针对性更强、对"Z世代"吸引力更高。

◆ 建立长期合作，并采取激励措施

品牌想要打入"Z世代"兴趣圈层内部，不妨与各圈层内的关键意见领袖建立长期、稳定的合作关系，以提升品牌"Z世代"粉丝群体的认知度和黏性。

另外，品牌可以采取相关激励措施来稳定与关键意见领袖的合作关系。激励不仅仅限于金钱，还可以包括免费产品、独家体验、提升个人 IP 声誉等。

【营销案例】

借助意见领袖的力量推广国货美妆品牌

完美日记是一个备受欢迎的国货美妆品牌，它充分认识到年轻一代消费者对美妆产品的需求，深知他们喜欢在社交媒体上寻找灵感和建议。为了有效地推广自己的产品，完美日记与众多短视频博主建立了合作关系，这些博主在各种社交媒体平台上拥有大量的粉丝和观众。

首先，完美日记为博主们提供产品，让他们根据产品拍摄和上传短视频。这些博主会在他们的短视频中详细介绍完美日记的彩妆产品及其使用方法。他们通过演示不同的彩妆技巧，吸引观众的关注，同时也充分展示了完美日记的产品效果。

其次，完美日记与美妆博主合作举办直播活动。在直播活动中，博主们会亲自演示如何使用完美日记的产品，并回答观众的问题。这种互动式的宣传方式使观众能够更好地了解产品特性，并与博主建立更亲近的联系。

此外，完美日记还充分利用一些美妆博主的社交媒体平台，例如微博、抖音和微信等，让博主分享产品信息和美妆技巧。这有助于扩大产品的曝光度，吸引更多潜在消费者。

完美日记通过与关键意见领袖的紧密合作，特别是短视频博主和美妆博主，成功地将产品推广给广大年轻消费者。这种推广方式不仅能够有效地传播品牌形象和产品信息，而且可以使消费者根据博主们的分享和建议来做出明智的购买决策，使得品牌能够获得长期的营销收益。

3.3

社交互动，与"Z世代"
深入交流

与"Z世代"的深入交流已经成为品牌营销的重要一环。"Z世代"的生长伴随着数字化社交媒体的迅速发展，他们在社交互动方面有着特殊的期望和行为习惯。要与他们有效沟通，品牌必须适应并利用这一新趋势。

3.3.1 深耕"Z世代"偏爱的社交网络平台

在当今数字化时代，品牌营销不再局限于传统媒体渠道，而是更多地依赖于社交媒体平台,特别是在与"Z世代"进行互动及传播品牌信息方面。深耕"Z世代"偏爱的社交网络平台是品牌成功营销的重要手段。"Z世代"的消费力量和影响力不断增长,品牌要想实现成功营销,就要善用"Z世代"常用的平台,与他们建立紧密联系。

比如,某体育运动品牌注意到"Z世代"在社交媒体上的活跃程度以及对品牌的敏感度。因此,该品牌投入大量资源,将注意力集中在各种社交媒体平台,与"Z世代"进行深入互动,并因此收获数量庞大的"Z世代"粉丝,使营销活动得到顺利开展。

而对于"Z世代"而言,他们的社交媒体平台丰富多样,其中最常使用的有B站、抖音、小红书等。

B站是一个以动画、游戏、漫画等次文化为主题的社交平台,吸引了大量年轻用户。许多品牌已经认识到在B站上建立存在感的重要性。例如,一些游戏公司通过制作与游戏世界相关的动画短片,成功地吸引了年轻玩家的注意力。这种方式使品牌能够更深入地融入B站的社区,并通过与B站UP主合作,创建受欢迎的内容,扩大自身的知名度和关注度。

抖音是全球范围内最受欢迎的短视频应用之一,尤其是在"Z世代"群体间的认知度非常高。许多品牌已经将抖音视为增加品牌曝光率、推广产品的最佳平台之一。

小红书是一个以时尚、美妆和生活方式为主题的平台,吸引了许多年轻女性用户。一些国际美妆品牌,如Sephora和MAC等,积极进驻小红书,与中国的美妆博主合作,分享化妆技巧和产品推荐,均取得了不错的营销效果。

简而言之,品牌不仅需要了解这些平台的独特文化和用户习惯，还需要创造性地利用平台的特点，与"Z世代"建立更紧密的联系。通过在这些平台上创造吸引人的内容和有趣的互动，品牌可以提高自身在年轻受众中的知名度，从而占有更多的市场份额。

3.3.2 创造有吸引力的内容，与"Z世代"直接对话

创造有吸引力的内容并与"Z世代"直接对话是品牌营销中的关键策略之一。"Z世代"是一群充满创造力和想象力的年轻人，他们对高质量、有趣、有创意的内容有着极高的期望。

"Z世代"喜欢观看短视频，品牌可以利用平台如抖音、快手等来发布有趣的、短时限的视频内容来吸引"Z世代"的注意。例如，李宁曾在抖音上发布了一系列有趣、富有创意的短视频内容，展示了他们的运动鞋和服装的独特性能。这些视频不仅仅是产品展示，还包含了有趣的挑战和创意元素，深受年轻用户的追捧。

另外，讲述故事也是吸引"Z世代"的重要方式。品牌可以通过讲述品牌背后的故事或与"Z世代"的生活方式相关的故事来与其建立联系。例如，户外运动品牌Patagonia以可持续发展和户外冒险为主题，通过分享他们支持环保事业的故事来吸引年轻消费者。

此外，鼓励"Z世代"用户参与内容创作也是一种有力的策略。品牌可以举办UGC（用户生成内容）比赛，邀请用户分享他

们使用品牌产品的照片或视频。GoPro就是一个成功利用这种策略的品牌，他们的社交媒体充满了用户拍摄的精彩视频。

品牌还可以利用社交媒体平台的投票和问卷功能，邀请"Z世代"参与决策，例如新产品设计、活动主题等。这种参与感让年轻受众觉得自己的声音被听到，增加了他们的忠诚度。

通过创造吸引力十足的内容和直接与"Z世代"对话，品牌可以与"Z世代"建立更深入的联系，增加"Z世代"消费者的忠诚度，促使其成为品牌的忠实粉丝，将其转化为长期的顾客。

3.3.3　用有创意、个性化的社交活动吸引"Z世代"参与

有创意和个性化的社交活动可以吸引"Z世代"的参与。例如，在社交媒体上组织有奖竞赛、挑战活动，或者举办虚拟活动和直播。

首先，品牌可以开展线上比赛和挑战活动，创建有趣的线上比赛或挑战，鼓励用户参与。例如，美妆品牌可以组织彩妆比赛，要求用户上传他们的妆容照片，然后邀请社交媒体粉丝投票选出获胜者。用户通过上传自己的作品参与比赛，与品牌互动，同时还可以投票支持其他参赛者。在此期间，品牌的曝光度将大大增加。同时，丰厚的奖励还可以吸引相关行业的红人参与，进一步增强推广效果。

其次，品牌还可以进行线上直播，定期进行介绍产品信息、讲解使用教程或主持行业内专题讨论等直播活动。与观众互动，回答问题，并提供独家优惠或礼品码以吸引观众。在此期间，观众可以实时提问、评论、与主持人互动，品牌可以根据观众的反馈进行调整和改进。

另外，还可以设立积分和奖励计划，让消费者通过购买、参与活动、分享社交媒体内容等方式获得积分或奖励。这些积分可以用于未来购买抵用或兑换专属礼品。这样一来，消费者会更愿意积极参与。品牌可以利用这些活动来拉近与"Z世代"的距离，提供独特的互动体验，从而增加品牌与他们的互动频率。

第4章

线上营销：走进互联网原住民的阵地

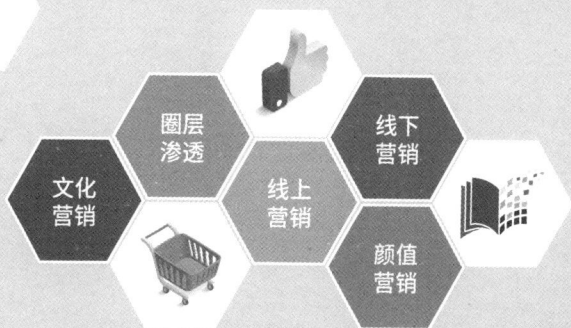

圈层解码

圈层画像

品牌营销

圈层渗透

文化营销

线上营销

线下营销

颜值营销

"Z 世代"从小接触网络，他们的生活离不开网络，是不折不扣的互联网原住民。因此，针对"Z 世代"消费者，营销者应大力进行线上推广，多平台营销，采取适合线上的营销策略，扩大销售范围，赢得口碑，提高产品销量。

4.1

线上推广，增强网络影响力

"Z世代"作为互联网的原住民，从小就与网络紧密相连，他们在数字科技的环境中长大，日常生活与网络紧密相连。"Z世代"在互联网上形成了独特的社交圈和购物圈，他们使用各种社交媒体平台来与朋友、家人和关注者互动，通过各种购物平台来满足自己的购物需求。要想增强品牌在网络上的影响力，就需要积极走进"Z世代"的线上社交圈和购物圈，与他们建立真实、有趣的互动。

微信、微博、QQ等都是"Z世代"活跃的网络社交平台。"Z世代"在这些平台上与人沟通和交流，并分享自己的日常点滴和购物心得。营销者可以渗透到这些社交媒体平台中，充分利用这些平台与"Z世代"消费者建立积极的互动，吸引"Z世代"消费者关注，进而分享品牌以及产品，利用社交媒体平台的社交属性让品牌和产品在"Z世代"消费者中得到迅速传播和推广。

抖音、快手、哔哩哔哩等是备受"Z世代"青睐的线上短视频平台。"Z世代"在这些平台浏览有趣的视频，发现新鲜的事物，并分享自己创建的视频。短视频平台拥有巨大的流量，充分利用这些平台，针对"Z世代"消费者开展营销，既可以融入"Z世代"消费者，还能提高产品的曝光量，扩大品牌的影响力。

京东、淘宝、拼多多、唯品会等是深受"Z世代"消费者喜爱的线上购物平台。这些平台上的产品齐全，能够满足年轻一代用户的多样化购物需求。丰富的购物选择和足不出户即可送货到家的便捷购物方式使线上电商平台成为"Z世代"消费者的购物首选。营销者应充分了解线上平台的规则，选择合适的平台并制定有效的推广策略，让品牌和产品获得最大程度的曝光。

4.2

多平台营销，形成线上矩阵

在当今数字化时代，"Z世代"的生活与互联网和社交媒体联系紧密。因此，要想走进"Z世代"圈层，吸引这一消费主力军的注意，企业需要全方位布局，采用多平台营销策略，形成一个强大的线上营销矩阵，如图4-1所示。

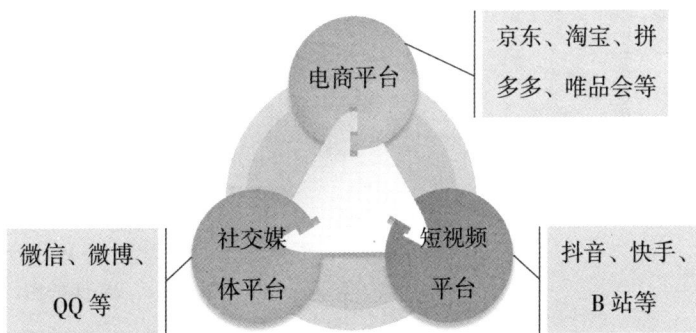

图4-1　布局多平台，形成线上营销矩阵

4.2.1 电商平台——品牌的销售主场

电商平台是"Z世代"消费者购物的重要途径，因此品牌可借助电商平台开展营销。品牌在电商平台销售产品可以通过活动来吸引"Z世代"消费者，可以是店铺自己的活动，也可以借助平台发起的各种活动，如店铺周年庆、各种节假日活动（端午节、儿童节、中秋节、春节等）以及电商平台开创的购物节（双十一、618等）等。

在电商平台开展活动期间，借助平台的流量积极参与并策划符合"Z世代"消费者消费习惯的营销方案就能增加产品的曝光量，吸引"Z世代"消费者关注并购买产品，提高产品销量。企业或品牌常用的营销方案如图 4-2 所示。

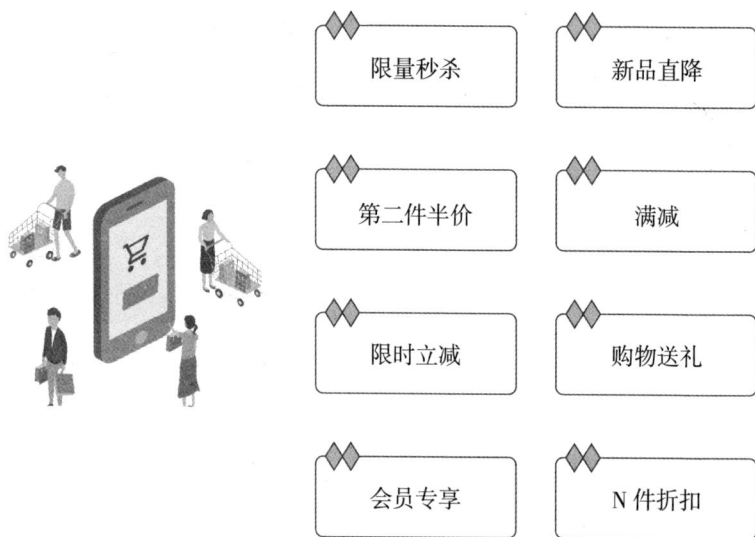

图 4-2　企业或品牌常用的营销活动方案

除此之外，在电商平台上开展营销要注重店铺页面的视觉效果。"Z世代"消费者从小沉浸在网络中，视野开阔，见识过各种各样的视觉内容，因此他们非常注重产品和品牌的外观。为了吸引和留住"Z世代"消费者的注意力，店铺页面的视觉效果至关重要。一个吸引"Z世代"消费者的店铺页面需要包含以下内容，如图4-3所示。

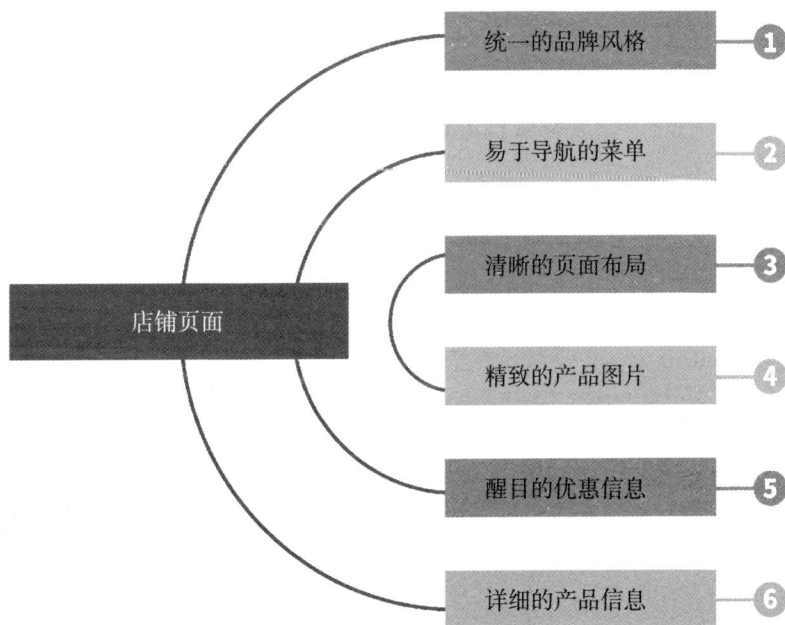

图4-3 吸引"Z世代"消费者的店铺页面需包含的内容

4.2.2　社交媒体平台——品牌引流主阵地

调查显示，大部分的"Z世代"消费者购物时会受到社交媒体的影响。品牌可以充分利用这一趋势，采用有针对性的社交媒体营销策略，更好地吸引"Z世代"消费者的注意，并影响"Z世代"消费者的购物决策，为产品引流。

微信、QQ、微博是"Z世代"常用的社交媒体平台。微信和QQ好友多为亲人、朋友以及相识的人，而微博更注重的是对公众人物、明星等意见领袖的关注。这些社交媒体平台的使用方式和定位各不相同，在这些平台上进行营销使用的策略也相应地有所不同，如图4-4所示。

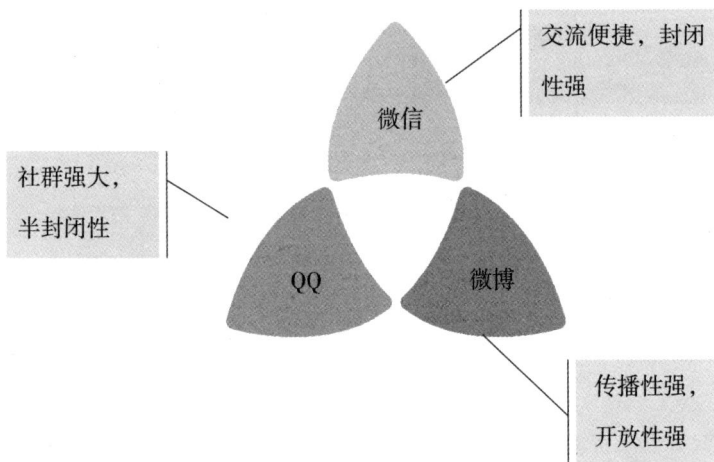

图4-4　三种社交媒体平台的特点

- 交流便捷，封闭性强
- 社群强大，半封闭性
- 传播性强，开放性强
- 微信
- QQ
- 微博

◆ 微信

微信以其便捷的通信方式和丰富的功能受到"Z世代"用户的青睐，成为"Z世代"用户频繁使用的应用程序。

微信平台提供了视频号、公众号、微信群、小程序等多种功能，它们之间可以相互配合，实现无障碍跳转，能够在微信平台上构建出完整的品牌营销生态，为品牌与"Z世代"用户之间的互动和沟通提供广阔的空间。充分利用这些功能可以实现品牌与"Z世代"用户之间更深入的互动和有效的营销，具体可以参考以下建议。

（1）在公众号、视频号创建优质的内容，为品牌引流。在微信的视频号和公众号上，可以通过发布有趣、有价值的视频内容和文章，吸引用户的关注。比如，介绍品牌故事、讲解产品使用方法、传授行业知识等，让"Z世代"用户在轻松愉快的环境中了解品牌。公众号、视频号应定期更新内容，以保持"Z世代"用户的兴趣和参与度。

（2）利用小程序开展活动、销售产品。通过小程序可以构建品牌的线上商城，展示产品详细信息，同时可以在小程序开展拼团、支付送礼、抽奖等多种活动，吸引"Z世代"用户参与并购买产品。

（3）利用微信群与用户充分沟通、互动。创建和管理微信群，可以让品牌与"Z世代"用户建立更亲密的互动。品牌可以在微信群中分享最新资讯、举办线上活动、提供专属优惠等，同时可以配合小程序或公众号，在群中对产品进行推广，增加产品的曝光度。

（4）在朋友圈精准投放品牌广告。通过付费，品牌方可以根据用户的性别、地域、兴趣爱好等信息筛选用户，实现广告的精准投放，让更多潜在"Z世代"目标用户看到广告。

◆ QQ

作为社交软件的先驱，QQ在互联网的不同阶段都保持着强大的影响力，特别是在"Z世代"用户中仍然具有重要地位，这使得QQ成为品牌营销的又一重要战场。以下是关于如何在QQ平台上开展品牌营销的一些建议。

（1）利用QQ空间引流拉新。QQ空间是QQ提供的免费工具，包含说说、日志、相册等功能。品牌可以在说说上实时分享品牌的动态，在日志中发表实用的文章或产品背后的故事，在相册里展示产品的细节，以此吸引"Z世代"用户，起到引流拉新的作用。

（2）利用QQ群实现精准营销。品牌可以组建官方QQ群，汇聚粉丝或对产品感兴趣的"Z世代"用户。在QQ群中进行品牌问答，发布有价值、有趣的内容，分享新品介绍、专属折扣等，通过与用户深度沟通和互动提高品牌的曝光度与用户信任度，从而实现精准营销。

（3）通过QQ邮箱定向营销。可以锁定品牌的潜在"Z世代"用户，通过QQ邮箱向对方发送品牌故事、品牌理念等信息，吸引"Z世代"用户关注。

◆ 微博

微博凭借着庞大的用户数量和开放的社交属性，成为"Z世代"广泛使用的社交媒体平台之一。品牌可以充分利用微博平台自身的特点开展营销，以吸引"Z世代"用户的关注，并建立良好的品牌形象。具体可参考如下建议。

（1）创建有趣、有创意的内容。"Z世代"用户偏好有趣、有创意的内容。品牌可以通过有创意的图片、趣味性强的短视频、幽默的文字等吸引"Z世代"用户的注意。精心制作的内容能够引起分享和互动，吸引更多粉丝关注和转发。

（2）利用热门话题营销。关注微博上的热门话题，将品牌与热门事件相结合，能够增加内容的曝光度。参与热门话题讨论，使用相关的话题标签，可以让品牌信息更容易被"Z世代"用户发现。

（3）积极与用户互动。在微博上开展各种活动，如抽奖、问答、挑战闯关等，邀请"Z世代"用户参加并积极与"Z世代"用户开展互动，能够让"Z世代"用户对品牌有更深入的了解，提高"Z世代"用户对品牌的忠诚度。

（4）借助名人效应开展营销。微博上的一些名人（如明星、专家、博主等）粉丝众多，通过与名人合作，让名人对品牌和产品进行宣传，能够让品牌和产品获得更大的曝光，提升品牌的知名度和产品的销量。

（5）利用粉丝通和粉丝头条让品牌获得更大的曝光量。粉丝通和粉丝头条是微博平台提供的付费营销工具。借助这两种工具可以获得更大的曝光量，提高品牌在"Z世代"用户中的可见度和影响力。

4.2.3 短视频平台——品牌"种草"绝佳渠道

抖音、快手、B 站、小红书等短视频平台作为后起之秀，其用户数量迅速增长，并在"Z 世代"用户中广受欢迎。短视频平台以其快速、生动、易分享等特点，成为"Z 世代"用户喜爱的内容创作和消费平台。大部分"Z 世代"用户在购物前，会通过小红书、B 站、抖音等自媒体平台了解品牌信息。品牌在短视频平台发布关于产品的有趣视频，能够轻松为"Z 世代"用户"种草"，吸引他们购买产品。图 4-5 是关于如何在短视频平台上开展营销的建议。

图 4-5 在短视频平台上开展营销的建议

◆ 注重短视频内容创作

内容是短视频的灵魂，要想吸引"Z世代"用户关注就要深耕内容创作，提供新奇、有趣、有价值的内容。在进行营销时，要讲究方式方法，避免单刀直入式地推广，而是要将产品信息巧妙地融入视频情境，更加自然地进行宣传推广。

◆ 定期持续更新

定期持续更新可以保持用户的关注度，增强用户黏性。在短视频使用高峰时段发布视频能够让短视频获得更大的曝光量，如在工作日的早晨 8:00~9:00、中午 11:00~13:00 以及晚上 21:00~23:00，或者周末的下午至晚上发布视频。

◆ 充分利用直播功能

通过直播，可以直接向用户展示产品的特色、功能以及使用方法，与用户直接互动，实时传递品牌信息，增强用户的参与感，直播间快速交易的氛围还能带动"Z世代"用户下单购买产品。

4.3

公开透明，充分展示产品信息

"Z 世代"消费者注重真实，重视信息的公开透明。因此，在营销过程中应秉持公开透明的原则，向"Z 世代"消费者充分展示产品信息，以建立良好的信誉和品牌形象。

想要做到公开透明，充分展示产品信息，可以从以下几个方面着手。

4.3.1 真实地展示产品的基本信息

在进行线上营销时，要尽可能真实地展示产品的所有基本信息，包括产品的尺寸、颜色、包装、成分、优势、质检报告以及产品的使用方法等。同时，应确保这些信息准确、详尽，并用文字、图片、视频等多种形式还原产品最真实的模样。这样有助于"Z世代"消费者了解产品的真实情况，感受到品牌的诚意，进而成为品牌的粉丝。

某潮流箱包品牌在线上售卖一款背包产品。在该产品的详情页中，不仅详细标注了背包的长、宽、高、颜色、材质、产品优势等详细信息，还录制了清晰的视频以全方位地展示背包的各处细节以及使用场景。这些公开透明的信息使"Z世代"消费者可以了解产品的真实情况，深受"Z世代"消费者的青睐，因此该款产品销量持续保持良好。

4.3.2 揭示生产流程

将产品的生产流程、质量检验过程公之于众，可以让"Z世代"消费者了解产品的制造过程，增加信任感。具体可以通过视频、照片等方式呈现生产现场，向消费者展示产品的质量和安全性。

西域春的冰淇淋酸奶因口感酷似冰淇淋而备受"Z世代"消费者欢迎。该品牌为了展现产品的安全性和卫生保证，将产品的原料采集、加工以及储存过程等拍摄下来，在产品详情页进行展示。消费者通过这些信息近距离了解了酸奶生产的各个环节后，对该品牌的产品更加信任。

4.3.3 清晰说明各项服务以及优惠政策

除了产品的基本信息和生产流程，还应清晰地说明消费者所能享受的各项服务以及优惠政策，比如包邮服务、送货上门服务、退换货服务、满减优惠等，这样才能让消费者放心购买并减少不必要的纠纷。

斯凯奇品牌的运动鞋以舒适和新潮吸引了不少"Z世代"消费者粉丝。该品牌在参与电商平台的双十一活动期间，在店铺首页详细展示了店铺的优惠信息：储值赠送 + 三件七折 + 电商满减，同时展示出实际凑单案例，并提供多种搭配方案供消费者选择。"Z世代"消费者面对五花八门的优惠政策常常一头雾水，而这家店铺清晰的优惠政策让消费者能轻松购物，其提供的搭配套餐不仅为消费者节省了时间，还让消费者获得最大实惠，最终获得了超出预期的营销效果。

4.3.4 公开透明的沟通方式

"Z世代"消费者渴望与品牌之间畅通沟通，因此在营销时应为"Z世代"消费者提供多样化的沟通渠道，让他们能够随时联系品牌，获取所需信息。

　　除了常见的售前客服、售后客服、厂家服务热线等沟通方式，还可以在互联网平台建立多种沟通渠道，如官方微博、微信公众号、官方视频号等，与"Z世代"消费者实时互动、真诚沟通，建立坦诚、双向的沟通关系。

4.4

注重内容创作，获得粉丝认同

在当今数字时代，内容创作已经成为营销的核心，这是因为传统广告已经不能满足"Z 世代"消费者和其他消费者的需求，他们更加喜欢与有价值、有趣、有意义的内容互动。因此，品牌只有注重内容创作，才能获得粉丝认同。

4.4.1　紧跟热点更容易吸引"Z 世代"关注

网络热点是"Z 世代"消费者以及其他消费者最为关注的话题。热点话题常常自带流量，将营销内容与热点相结合，能够吸引"Z 世代"消费者的关注。

比如，每年的十一长假都是人们讨论的热点话题，某营销账号利用这一热点，发布了名为"十一假期倒计时！国内适合旅游打卡的 11 个地方"的视频，在视频中展示了不同地方的美景，并附上了去这些地方旅游的旅行团链接，一时吸引了众多"Z世代"消费者关注和购买。

4.4.2 有创意的内容更受"Z世代"欢迎

"Z世代"通常视野开阔、个性鲜明，对于枯燥、普通的内容缺乏兴趣。创意内容的独特性能够带给"Z世代"新鲜感，能够成功吸引"Z世代"的关注，如图 4-6 所示。

比如，短视频平台上有大量以家庭生活为题材的内容，某营销者为了从众多竞争者中脱颖而出，发挥创意将与母亲的家庭日常生活包装成一部谍战片，并将想要营销的产品巧妙地融入剧情当中，虽然视频内容仍然是生活里的鸡毛蒜皮，但营销者凭借着独特的表现手法、创新的内容形式以及与母亲之间真挚的情感，最终成功吸引了众多"Z世代"粉丝，营销的产品也取得了较好的销量。

图 4-6 关注创意内容、拍摄创意内谷，是"Z 世代"的互联网生活常态

4.5

产品测评，真实的反馈更容易被"种草"

"Z世代"消费者注重真实，因此他们不仅会查看品牌的宣传，还会关注产品测评。测评中真实的反馈和建议对"Z世代"消费者的购物决策产生重要的影响。真实的产品测评能够在"Z世代"消费者心中"种草"，提升"Z世代"消费者对产品和品牌的信任度，提高产品销量和品牌知名度。

4.5.1 全方位的产品展示

在测评中首先要对产品进行详细、客观的展示，让消费者全面了解产品，如展示产品的尺寸、外观、材质等。

其次，要重点展示产品的使用方法、使用效果、使用场景、优势等。比如，详细展示彩妆的用法、使用后达到的效果等，再如，详细展示背包的内部结构、可以容纳的物品、优势等。如图 4-7 所示。

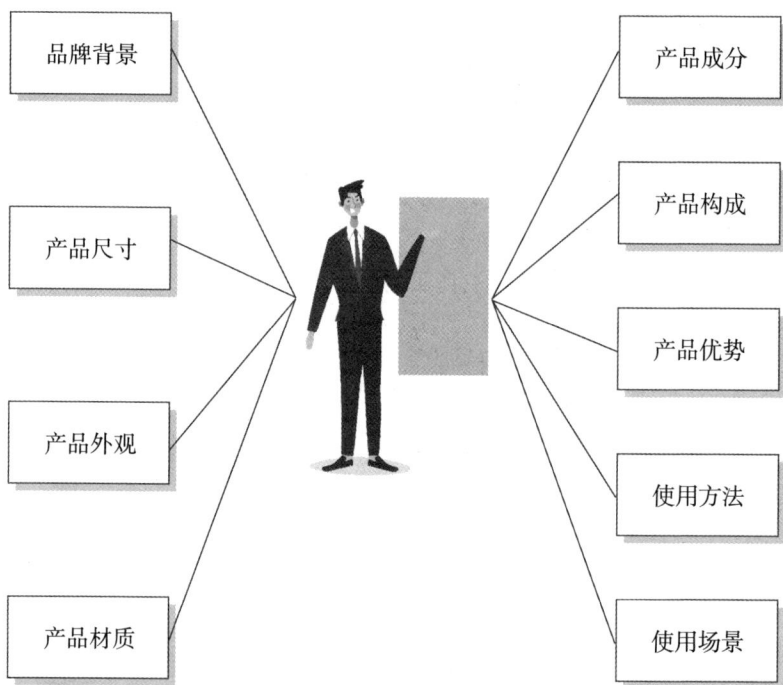

图 4-7　全方位展示产品

4.5.2 保证测评的真实性

真实的测评和反馈才能打动消费者，赢得消费者的信任。因此，营销者可以鼓励或邀请真实的用户对产品进行测评，这种测评既能保证真实性又具有说服力。

营销者应避免过分编辑或操纵产品测评，用客观公正的态度对待产品测评。

4.5.3 形式多样，满足不同消费者的需求

产品测评的形式无须拘泥于一种形式，多样化的反馈更能满足不同消费者的需求。品牌可以在多个平台发布不同形式的产品测评，比如在电商平台、社交平台主要展示文字、图片等形式的测评，在短视频平台展示视频形式的产品测评。

4.5.4 有对比，更能突出产品优势

产品测评的一大优势就是让消费者了解产品，方便消费者与其

他同类产品进行对比，如果在产品测评时就对本产品与其他产品进行对比测评，客观分析产品的优劣势，将更能够打消消费者的顾虑，促使消费者快速下单。

在进行对比测评时，可以从外观、功能、材质、细节、价格等多方面入手，力求让消费者全面地了解产品。

4.5.5　与名人合作产品测评

一些明星、大 V、专家等知名人士拥有较多粉丝，邀请他们进行产品测评，能够增加产品测评的可信度和产品的曝光度，达到更好的推广效果。

4.5.6　布局全网，多平台推广

不同的平台聚集着不同的消费者，因此可以布局全网，将产品测评的文章或视频发布到多个平台，让产品测评吸引尽可能多的消费者关注。

营销案例

产品测评种草"Z世代"，收获高销量

　　某彩妆品牌为了吸引"Z世代"消费者的关注，在抓好产品品质的同时，利用产品测评开展营销，最终从竞争激烈的彩妆市场中突围，收获高销量。

　　首先，该品牌在"Z世代"消费者聚集的B站上发布"开箱""试色"等产品测评视频，这些视频详细介绍了产品的外观、颜色、使用方法、使用效果等，吸引了不少"Z世代"消费者的关注。

　　其次，该品牌运用多种形式在多平台开展推广，除了B站外，还在小红书上发布种草文，图文并茂的笔记迅速吸引了大量粉丝。

　　最后，该品牌与知名博主合作，邀请知名博主测评礼盒，知名博主对产品的肯定更加坚定了消费者对该品牌的信心。

　　最终，该品牌凭借着多样化的产品测评成功吸引了大量消费者，从众多彩妆品牌中脱颖而出。

4.6

用户评论，影响"Z世代"消费选择的关键

　　相比于从前人们根据传统广告和宣传来做出购买决策，"Z世代"群体更加关注用户评论。大部分"Z世代"消费者都会在购买新品牌前研究或查看客户评论，并以此作为购物参考。因此，展示真实、积极的评论，能够有效吸引"Z世代"消费者的关注。

4.6.1 置顶积极、正面的好评

一些电商平台、社交媒体平台、品牌官方网站等提供置顶评论功能，品牌可以利用平台提供的这一功能，将一些内容详细、积极正面的好评置顶，突出展示产品的积极反馈，让更多的"Z世代"消费者看到产品的好评，从而增强"Z世代"消费者的购物信心，提升他们的购买意愿。

4.6.2 在评论区开展二次营销

评论区不仅是消费者畅所欲言的场所，也是品牌开展二次营销的场所。

首先，可以在评论区中与消费者互动，解答消费者的问题或疑惑，提高消费者的信任感和品牌曝光度。

其次，可以在评论区宣传和强化产品优势，提高消费者的购买意愿。

最后，如果平台上没有店铺，可以在评论区提供购买链接，进行站外导流。

营销智慧

引导"Z世代"消费者评论，
形成口碑传播

"Z世代"消费者在购物时十分注重品牌在网络上的口碑，用户评价是"Z世代"消费者了解品牌口碑的重要途径，因此营销者应引导"Z世代"消费者发表积极、正面的评论，形成口碑传播，从而提高产品销量，具体可参考以下建议。

● 提供优质的产品和服务。当产品品质和服务质量都能够达到"Z世代"消费者心中的预期，甚至超出"Z世代"消费者预期时，"Z世代"消费者会自发进行好评。

● 邀请对产品或服务满意度高的"Z世代"消费者进行好评。在与"Z世代"消费者沟通的过程中，可以顺势邀请他们进行好评。

● 通过活动引导"Z世代"消费者好评。通过举办抽奖、买赠、满减、折扣促销、评价送积分等活动让利"Z世代"消费者，并鼓励他们进行好评。"Z世代"消费者享受到优惠后会更乐于发表好评。

● 提供好评模板，引导"Z世代"消费者发表详细的评价。一些消费者内心想要发表好评，却苦于不知如何撰写文字。此时为消费者提供好评模板，能消除消费者的顾虑，帮助消费者快速完成评价。比如，线上服饰品牌可以建议消费者从服饰材质、服饰款式、服饰搭配、服饰舒适度、客服服务、物流服务等多维度发表关于购物体验的评论。

第5章

线下营销：
用极致体验
吸引"Z世代"

圈层解码

圈层画像

品牌营销

圈层渗透

文化营销

线上营销

线下营销

颜值营销

"Z 世代"注重个性展现，注重参与感
和体验感。品牌或线下门店想要吸引"Z 世
代"的关注和青睐，就要在门店主题和风格
的选择和打造、环境设计、场景营造等方面
多下功夫，并用鼓励消费者亲自动手参与的
方式去提升"Z 世代"消费者黏性和品牌的
自传播力。

5.1

突出主题，形成鲜明的门店风格

线下门店想要吸引"Z世代"消费者的关注，激发他们的兴趣，就要精心选择、设计门店主题和风格，力求给追求潮流、个性、悦己至上的"Z世代"消费者带来独一无二的体验，引起他们的情感共鸣。

5.1.1 异彩纷呈的主题，盘活门店流量

主题商业是近年来十分受欢迎的商业模式之一，这种商业模式

同样适用于门店营销。线下门店营销要选择合适的门店主题，以异彩纷呈的主题赋予门店不同的风格，增加门店流量。时下较为流行的主题店如图 5-1 所示。

热门 IP 主题店

传统文化主题店

地域文化主题店

小众文化主题店

科技主题店

宠物主题店

图 5-1　时下较为流行的主题店

◆ 热门 IP 主题店

在大数据时代，一些来自不同领域的 IP 备受年轻人的追捧，热度水涨船高。对于线下门店而言，热门 IP 意味着大批量的粉丝和源源不断的流量，利用"门店 + 热门 IP"的联动模式，能够轻松地将粉丝、流量变现，提升线下门店的营收利润。

线下门店一般与文娱领域的 IP 联动较多，大致有以下几种类型，如图 5-2 所示。

图 5-2 文娱领域的 IP 主题店的分类

（1）动漫主题店。随着二次元文化的兴起，很多以动漫人物、动漫元素为主题的线下门店在激烈的市场竞争中都交出了不错的答卷。这一类主题店一般都有着极其独特、鲜明的风格，比如极富设计感、充满童趣、夸张、可爱、元气满满等，能很好地满足年轻一代消费者的情感需求，满足他们的幻想与情怀，令他们获得某种身份认同，给他们带来别样的消费体验，如图 5-3 所示。

比如，连锁便利店罗森不断和动漫 IP 合作，推出"名侦探柯南""奥特曼""芭比"等不同主题、风格的便利店，吸引了很多年轻人的关注；麦当劳和大热动漫 IP 合作，推出"机动战士高达"主题餐厅，收获了很高的客流量。

图 5-3　动漫主题甜品屋

（2）小说主题店。如今，一些以热门小说人物、小说元素为主题的线下门店也十分吸睛。这一类主题店有着浪漫、文艺、清新、温暖等风格，也很受爱好文艺的 "Z 世代" 消费者的欢迎。

比如，2023 年，上海某家以图像小说元素为主题的书店顺利开业，这家书店是上海首家图像小说主题书店，气质独特，深受年轻消费者的喜爱。

（3）影视主题店。以热门电影、电视剧人物或其他元素为主题的线下门店在与同行业门店的竞争中往往能够脱颖而出，获得更多客流量。这一类型的主题店有着梦幻、浪漫、个性、新潮等风格，容易引人关注。

比如，维港湾 1 号是位于广东惠州市的一家电影主题民宿店，深受"Z世代"消费者的欢迎，每当消费者住进这家民宿里，仿佛立马化身为电影里的角色，处处充满了新奇的体验。

◆ 传统文化主题店

在"传统文化热"席卷大江南北的当下，一些线下门店运营者从传统文化中汲取灵感，推出一系列以传统文化元素为主题的线下店铺。这一类型的店铺通常有着古韵十足、大气厚重、典雅复古的风格与特色，对于爱好传统文化的年轻人来说很具吸引力。

比如，瑞幸咖啡曾开创唐诗主题店，将现代咖啡文化与唐诗文化相融合，令这家主题店充满诗情画意，广受年轻人的好评。

西式餐饮品牌必胜客曾推出多家非遗主题餐厅，令人大感意外。"在西餐厅里品味传统文化"的独特营销理念也吸引了大批"Z世代"消费者进入餐厅消费。

肯德基也曾在全国范围内推出一系列国宝主题餐厅，店内装扮得古色古香，氛围感满满，令进店消费的年轻人大呼惊喜。

某大型相声社团曾与北京某家餐厅合作，推出相声主题餐厅，广受年轻一代的好评和追捧。

◆ 地域文化主题店

"地域文化＋线下门店"的模式也能带给年轻消费者不一样的消费体验。这一类型的主题店往往充满浓郁的地域风情，很容易在年轻消费者圈层中引起广泛的讨论，如图 5-4 所示。

比如，国产银饰品牌匠铸曾在南宁开设地域主题饰品店，独特的建筑风格和店内布置将当地的文化特色展现得淋漓尽致；烘焙品牌爱立颂开设"泉城映像"主题店，吸引了不少年轻人前来打卡消费；文和友美食街以长沙市井文化为主题设计街景，街上的店铺大多是以展现老长沙风貌为主题的各色店铺，浓浓的复古风和怀旧风吸引了一批又一批"Z世代"消费者，长沙文和友也成为著名的网红打卡地。

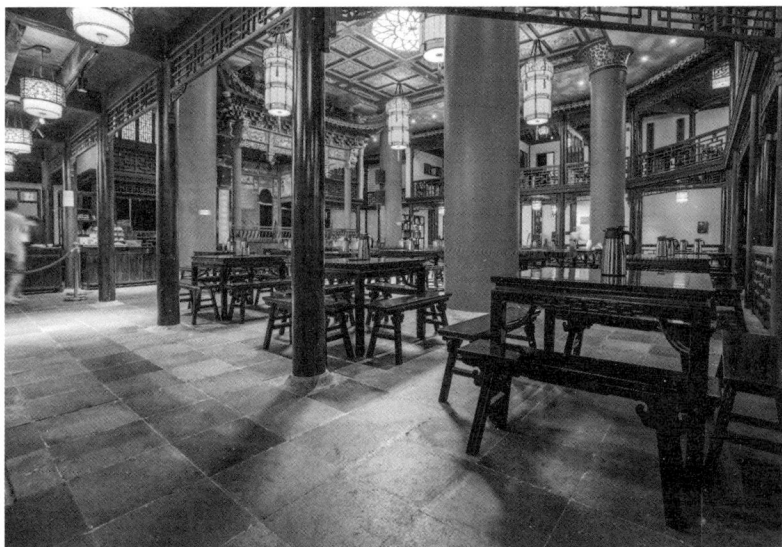

图 5-4　地域文化主题店：江南古镇特色餐厅

◆ 小众文化主题店

"小众文化 + 线下门店"的模式也很受年轻一代小众文化爱好者群体的欢迎。这一类型的主题店风格各异，有的走新潮、个性路线，有的走工业、复古路线，有的走文艺、"高冷"路线，凭借各自独特的风格、定位，给"Z世代"留下了深刻的印象。

比如，便利店品牌全家曾在不同的城市推出"热血街舞团"主题店，并因此在抢占年轻消费者市场的竞争中取得了比较亮眼的成绩。

◆ 科技主题店

"科技 + 线下门店"的模式也是当前比较热门的门店运营模式之一。这一类型的主题店充满科技元素，往往呈现出天马行空、未来感十足的风格，十分符合年轻一代的审美。

比如，餐饮品牌书亦烧仙草曾在武汉开设太空主题店，瞬间点燃了年轻消费者的探店热情；新华书店曾在北京航天城开办极具特色的航天主题书店，引来不少年轻人打卡消费。

◆ 宠物主题店

当代年轻人对于宠物的喜爱与接受度越来越高，"萌宠文化"随之兴起，而"宠物 + 线下门店"的运营模式也变得越来越流行。

这一类型的主题店往往有着温馨、可爱、灵动、清新、舒适、整洁等风格，在年轻群体中备受追捧。比如，喜茶曾在深圳开设"宠物友好"主题店，一开业就获得超高的人气。

营销智慧

如何选择合适的主题

线下门店想要利用独特的主题去营造氛围、塑造风格、吸引年轻消费群体的关注，前提是要为门店选择一个合适的主题。具体需要考虑到以下几方面的因素。

● 与品牌形象、定位相符。比如，一家以宣传传统文化为品牌理念的手工饰品店可选择传统文化作为主题；一家定位新潮、时尚的咖啡店可以选择热门IP为主题。

● 行业属性、业务类型。比如，餐饮业可以选择热门IP、传统文化、地域文化作为主题；潮流服饰业可以选择小众文化作为主题。

● 受众群体的偏好。比如，如果受众群体是喜欢宠物、将宠物当成家人的年轻人，那么可以以宠物为主题；如果受众群体热衷于科幻元素，则可以以科技为主题开设主题店。

5.1.2 这样做，凸显独特的主题和风格

选择合适的主题后，线下门店可从以下方面入手，突出主题、风格，营造与众不同的氛围感，如图 5-5 所示。

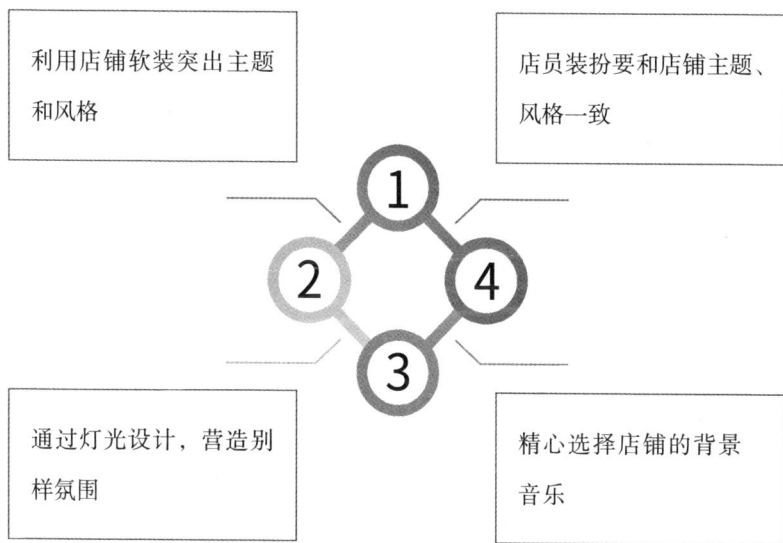

利用店铺软装突出主题和风格

店员装扮要和店铺主题、风格一致

通过灯光设计，营造别样氛围

精心选择店铺的背景音乐

图 5-5 这样做，凸显独特的主题和风格

◆ 利用店铺软装突出主题和风格

精美的软装不仅是吸引消费者进店的重要途径，而且也是展示

店铺主题、打造独特风格的主要方式。

比如，动漫主题店的软装设计往往围绕着动漫人物及相关元素展开，强调呼应主题，如运用动漫人物的海报、壁纸、雕塑、小挂件去装扮门店的各个角落。另外，动漫主题店的软装色彩搭配也很重要，如"哆啦A梦"主题店适配于蓝色、白色、粉色等清新、可爱的软装色彩搭配方案。

◆ 通过灯光设计，营造别样氛围

灯光设计也是凸显店铺风格的重要手段之一。比如，宠物主题店可以选择偏暖色系的灯光，以营造温暖明亮的视觉和心理体验；科技主题店可选择偏冷色系的灯光，以营造现代感、科技感，和店铺主题相得益彰。

另外，电影主题店可以利用独特的灯光设计去突出主题，给消费者以身临其境之感。比如，以科幻电影为主题的门店可以利用安装在墙壁和天花板上的led灯泡所散发出的星星点点的光来模拟科幻电影里的环境，营造神秘、浪漫的氛围，令消费者在步入门店时仿佛化身为电影里的人物，即刻沉浸其中。

◆ 精心选择店铺的背景音乐

线下门店运营者在选择背景音乐的时候也要格外用心。比如，动漫或电影主题店可以将动漫、电影里的插曲作为门店的背景音乐，以引起年轻消费者的情感共鸣，令他们进店消费的时候产生深深的代入感。传统文化主题店可以将一些古琴曲、国风歌曲作为门店的背景音乐，以凸显主题，创造极具感染力的空间去吸引年轻一代的消费者。

◆ 店员装扮要和店铺主题、风格一致

线下主题店店员的衣着、打扮也要与店铺主题、风格一致，不然会给消费者带来割裂感。比如，以宠物为主题的门店的店员可以统一穿着印有宠物图像的服装，店员头上戴着猫咪发卡，增添萌趣；以老电影为主题的餐厅的服务员可以统一穿着与电影相关的怀旧、复古风服饰，增加氛围感。

简而言之，线下门店想要吸引"Z世代"消费者的关注，不妨借助独特的主题和风格去打造年轻化、特色化标签，展示别样魅力。

5.2

精心设计，让门店成为
网红打卡地

在大数据时代，网红经济逐步崛起，蓬勃发展。线下门店营销者想要增加门店流量，让门店成为网红打卡地，就要注重门头设计、店内环境设计等，通过精心的设计让门店从众多竞争者中脱颖而出，吸引"Z世代"消费者，拥有更多竞争力。

5.2.1 注重门头设计

店铺门头位于店铺入口区域，包括店门外的整体装饰、相关设施等，精美的、独具创意的门头好处多多，如图 5-6 所示。

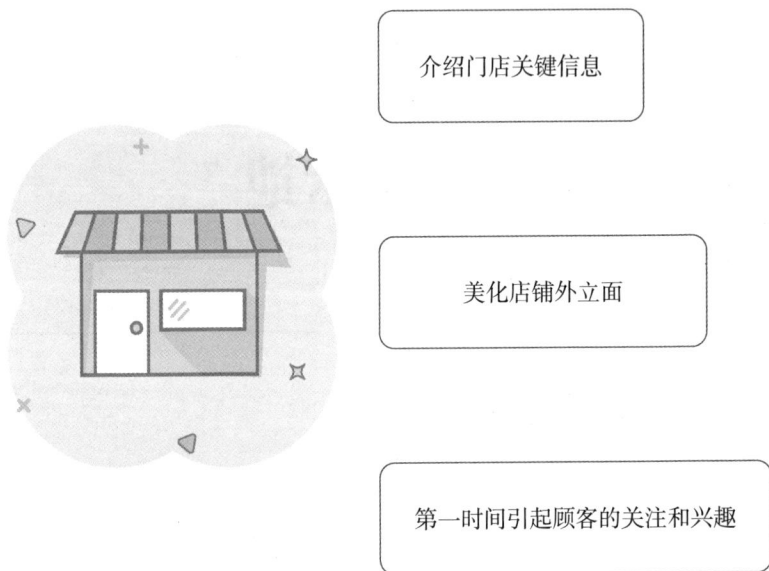

介绍门店关键信息

美化店铺外立面

第一时间引起顾客的关注和兴趣

图 5-6　店铺门头的重要性

店铺门头设计的重中之重是门头招牌设计。首先，招牌所传达的信息要足够清晰、显眼，同时简单、易识，能让消费者一眼看出店铺所售卖的商品的类型和特点。

其次，想要吸引"Z世代"消费者的注意，店铺招牌设计一定要突破固有的模式，力求给年轻消费者带来眼前一亮的感觉。创意招牌设计可以从以下几个方面入手，如图 5-7 所示。

运用艺术字体，注重排版

设计一个"超级符号"

运用灯光烘托，加强视觉印象

图 5-7　创意招牌设计的要点

好的文字设计能突出招牌的视觉效果，具体做法是采用美观独特或醒目张扬的艺术字体，为字体选择一个炫酷的颜色，注重字体间距、大小等。比如，饮品品牌茶颜悦色所选择的门头招牌上的字体形似仿宋体，艺术感十足，字体间距大小几乎等同，而且字体上刷上了一层香槟银油漆，整体给人一种端庄、优雅、文艺、古典、格调满满的感觉。

为门头招牌设计一个"超级符号"，也就是门店的 logo（卡通形象或特殊的图案等），能第一时间引起消费者的兴趣。比如，茶颜悦色的 logo 是一个手持团扇的古代女子，极具美感，十分符合年轻消费者群体的审美；喜茶的 logo 是一个小人侧身拿着饮品饮用，形象独特，在年轻消费者群体中曾引起广泛的讨论。

另外，招牌的灯光设计也很重要，不仅能令招牌变得更显眼，还能在夜晚时给消费者带来一种明亮温暖的感觉。采用发光字或在合适的地方设置灯箱等，都能营造独特的氛围和视觉感受。

当然，想要设计一个"网红门头"，除了要注重门头招牌，还要注重以下方面，如图5-8所示。

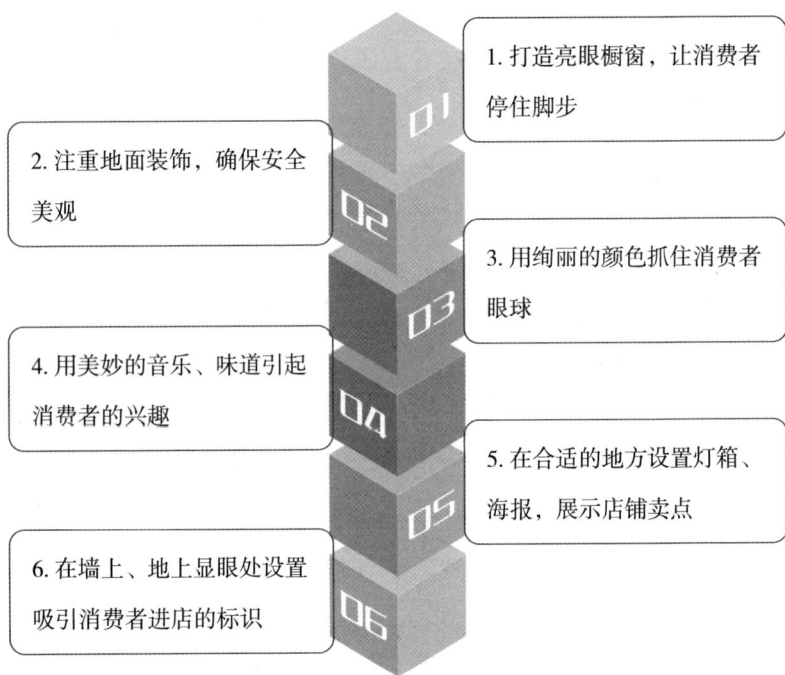

1. 打造亮眼橱窗，让消费者停住脚步

2. 注重地面装饰，确保安全美观

3. 用绚丽的颜色抓住消费者眼球

4. 用美妙的音乐、味道引起消费者的兴趣

5. 在合适的地方设置灯箱、海报，展示店铺卖点

6. 在墙上、地上显眼处设置吸引消费者进店的标识

图5-8 设计"网红门头"，还需注意这些方面

最后，需要强调的是，门头招牌、logo、橱窗等最好保持统一的设计风格，给人以和谐、完整的观感。

5.2.2 注重室内空间设计

门店的室内空间设计十分重要，好的室内设计能帮助门店晋升为"网红店"，源源不断地吸引"Z世代"消费者前来打卡、拍照。

◆ 打造"高颜值"消费空间

"Z世代"消费者一贯秉持"颜值至上"的消费原则，因此对于线下门店而言，打造"高颜值"消费空间是大幅提升品牌形象、提升门店竞争力、吸引"Z世代"消费者的重要途径之一。

具体而言，门店运营者可通过高质感的装潢设计、独具创意的场景布置等来打造"高颜值"消费空间。比如，奈雪的茶的门店的室内装修风格以暖色调为主，走温暖、优雅和轻奢风，用明亮的落地窗、美丽的星光墙、线条简洁的桌椅营造精致、柔美的氛围，深受年轻消费者的欢迎。

◆ 科学规划动线

线下门店内部空间的动线设计也很重要，能提升"Z世代"消费者的体验感，从而提升这一消费群体的黏性。

首先，门店室内通道要足够宽敞、明亮且四通八达，保障消费者顺利通行，如果门店室内空间较小，也要保证动线流畅、清晰。

其次，如果门店室内空间较为狭长，可以在店铺中段设置一些独特的装饰、标识等来吸引顾客继续向前"探索"，以延长顾客动线。另外，餐厅运营者要考虑到后厨与用餐区的动线设计是否流畅，确保上菜的便捷性。

◆ 设置拍照区和体验区

线下门店想要吸引"Z世代"消费者前来打卡消费，不妨投其所好，设置专门的拍照区，让爱好自拍、喜欢分享的"Z世代"消费者忍不住拍照分享到社交媒体上，自发地替店铺宣传。

想要拍照区达到预期效果，需要注意以下几点，如图5-9所示。

拍照区的位置要选对，如门头、过道、休息区等

拍照区的布置要独特、有个性

拍照区的光线要充足，可选择自然光或另特设"补光灯"

图5-9　这样做，令拍照区达到预期效果

另外，门店也可以设置专门的体验区，延长消费者在店内停留的时间。比如，奈雪 pro 店设置了茶饮体验区，供消费者试饮、试吃，增强了消费者的体验感。

5.2.3 以招牌产品带动流量

想要让你的门店成为网红竞相打卡之地，不妨先推出一款或多款招牌产品，以过硬的产品质量赢得"Z 世代"消费者的青睐，从而大幅提升店铺的影响力和客流量。

比如，杭州"第贰杯"社区咖啡店推出的柿子蛋糕以其独特的外形和细腻的口感引发大批年轻消费者的关注和讨论，这家咖啡店也因此知名度大增，引来很多美食博主打卡消费。

5.2.4 策划特色活动，提升知名度

线下门店也可以通过策划、举办特色活动的方式吸引"Z 世代"消费者积极参与，提升品牌及其线下门店的知名度。

比如，餐饮品牌书亦烧仙草曾在"520"这一特殊日子举办线下观影会，邀请消费者一起观看经典电影，除此之外，门店还在当

天设置了消费"立减"活动，吸引了大批年轻人的关注与参与，当天门店客流量激增。

5.2.5 联合线上造势，吸引四方眼球

要想吸引热门大 V、网红前来探店打卡，就一定不能忽视线上营销，尤其是在品牌、门店开创初期，联合线上造势，能有效吸引四方的关注。线上营销平台有小红书、抖音等，具体可运用情怀营销、故事营销、热点营销等方式来引起"Z 世代"消费者的情感共鸣，从而使品牌、门店的线上讨论度激增。

比如，在奈雪的茶创立初期，各大平台上流传着其浪漫动人的品牌故事，即两位创始人因一次浪漫邂逅携手共创百亿品牌的故事，引起很多年轻网友的转发与讨论。借助故事营销，奈雪的茶浪漫、温暖的品牌形象越发深入人心，一波波"Z 世代"消费者也迫不及待地来到其线下门店打卡消费。

5.2.6 持续变化，保持新鲜感

线下门店想要持续吸引年轻消费者的关注和喜爱，就要保持变

化，不断地给予年轻消费者新鲜感。比如，跟随季节变化改变门店室内装饰风格，如春夏时多用绿色、白色等颜色的装饰品，给人以清新、淡雅的视觉观感；秋冬季节多用橙色、棕色等颜色的装饰品，营造温暖、厚重的氛围感。

另外，线下门店还可以在节日来临时推出充满创意的新品，刺激年轻消费者的购买欲望，提升门店销量。比如，星巴克在每年圣诞节时都会推出圣诞季新品，广受年轻人喜爱。

5.3

场景营造，沉浸式体验带来的快乐

企业或品牌可以通过搭建不同场景、打造沉浸式体验的方式带给"Z世代"别样的消费快乐，以此获得"Z世代"的支持。

5.3.1　越来越受欢迎的"沉浸式营销"

沉浸式营销是典型的体验式营销，指的是通过搭建不同场景给消费者带来不同的体验，从而潜移默化地植入品牌信息、理念，并引导消费者下单购买。

想要给消费者带来深度沉浸式体验，首先要给消费者搭建一个相对真实的场景，在接近真实的环境中令消费者产生代入感。它的营销逻辑如图 5-10 所示。

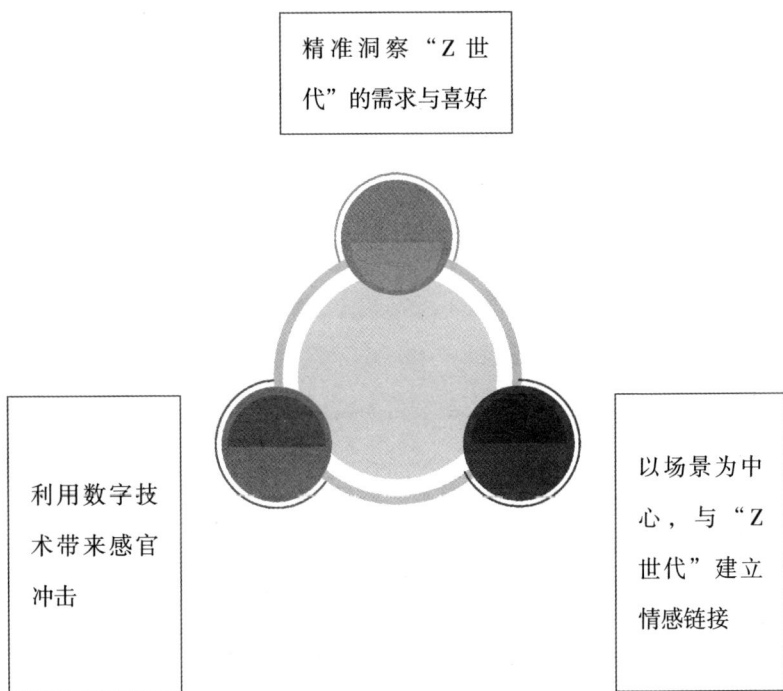

精准洞察 "Z世代" 的需求与喜好

利用数字技术带来感官冲击

以场景为中心，与 "Z世代" 建立情感链接

图 5-10　沉浸式营销的营销逻辑

"Z世代"格外注重消费体验，渴望在新奇、有趣的消费经历中获得更多快乐和满足感。于是，在 "Z世代" 成为消费主流的当下，线下营销中的沉浸式营销也变得越来越受欢迎。

5.3.2 以沉浸式体验引爆流量

沉浸式营销在品牌线下门店零售、线下活动开展中的应用较为普遍,能为品牌及线下门店赢取更多流量。

◆ 品牌线下零售的沉浸式互动玩法

作为品牌线下实体店的"新物种",别具一格的体验店、快闪店等成为品牌展示产品特性和魅力、与消费者进行深度互动的重要方式,深受年轻人的追捧,如图 5-11 所示。

图 5-11 品牌线下零售的沉浸式互动玩法

与一般的实体店相比，体验店更注重为消费者提供更细致、周到、独特的体验服务，以满足消费者被尊重、被理解、被重视的情感需求。如今，各大品牌方纷纷打造线下体验店，以极致的体验收获好口碑和高流量。

比如，国产贴身衣物生活方式品牌内外于 2021 年在上海开设了全国首家沉浸式体验店，店内设置专属运动体验空间和自助式选购区，另外提供身体扫描服务，并根据扫描结果向消费者推荐合适的产品，如此高效、贴心的服务令消费者倍感舒心。而这家体验店在开业不到两周便创下了惊人的销售额。

品牌快闪店是一种临时开设的线下门店，以游击式的时尚潮店较为常见。优质的快闪店注重场景搭建、创意设计及新颖内容、理念的传送，往往能给年轻消费者带来久久难以忘怀的体验，因此在"Z 世代"群体中有着广泛的讨论度。

比如，美妆品牌 HOURGLASS 曾在深圳开创"光合露台"快闪店，店铺外墙部分区域以不同颜色的透光玻璃制成，给人留下既清新、通透又极富层次感的视觉印象。店内专门设置的光影通道极富美感、如梦如幻，将光影艺术展现得淋漓尽致；产品展示区简洁利落，给消费者带来了良好的观赏体验。这一快闪店吸引了大批年轻人前来打卡、拍照、消费。

◆ 品牌线下活动的沉浸式互动玩法

品牌在举办线下活动时，往往也会用沉浸式互动来俘获年轻受众的"芳心"。

　　线下活动沉浸式互动方式多种多样，有的引入高新科技元素，给观众带来惊艳的视觉体验。比如在某国产汽车品牌的新品发布会上，主办方利用机械臂撑起新车这一别开生面的出车仪式瞬间引起了观众的兴趣，令现场观众仿佛置身于未来世界，倍感新奇。

　　有的举办线下沉浸式剧本杀、密室逃脱等形式新颖的活动，将品牌信息植入其中，令观众印象深刻。比如佳洁士就曾以"寻找失踪的白小姐"为主题，举办剧本杀活动，活动过程中惊喜连连，带给在场的观众绝佳的体验感，这一活动的举办也成功提升了佳洁士的品牌好感度和影响力。

营销智慧

以趣味体验吸引"Z世代"

　　如今，一些品牌线下门店以各种趣味体验牢牢吸引了"Z世代"的关注，令"Z世代"被品牌独特的魅力所吸引。

　　● 建立线下趣味体验店。

　　很多品牌针对"Z世代"的需求，建立线下趣味体验店，满足"Z世代"的体验需求。

　　比如，以帮助人们减压为主题的减压体

验店。在体验店中，有许多有趣的减压工具，还有涂鸦墙、尖叫屋等让人们释放压力的场地。减压体验店洞察了当代年轻人的心理需求，让人们释放自我，通过趣味体验的方式获得了"Z世代"的认可。

- 开设传统文化体验店。

很多品牌还以传统文化为宣传点，开设与传统文化有关的体验店，比如，传统手工艺体验店、传统服饰体验店等。

比如，如今许多城市都开设了汉服体验馆。体验馆会提供专业的化妆、摄影服务，让人们可以沉浸式体验古人的生活，穿着汉服拍照。汉服体验馆吸引了众多热爱古风穿搭和传统文化的年轻人，已经成了年轻人线下体验的热门选择。

5.4

动手参与，为产品注入情感

品牌或线下门店想要吸引个性十足、特立独行的"Z世代"群体的青睐，不妨让他们主动参与到产品制作、营销过程中去，对产品注入情感，以引起这一消费群体与品牌、产品之间的情感共鸣。

5.4.1 鼓励"Z世代"动手参与的好处

品牌或线下门店将"Z世代"消费群体视为"自己人"，鼓励"Z世代"动手参与是为了最大程度地提升这一消费群体的体验感和参与感，除此之外，还具有以下好处，如图5-12所示。

符合当下多元、个性化的消费潮流，深受年轻人欢迎

能更好地传递品牌使命，将参与者变成忠诚的粉丝

能更直接、迅速地收集消费者的反馈意见，及时优化产品

图 5-12 鼓励"Z 世代"动手参与的好处

5.4.2 如何参与，才能达到预期营销效果

让"Z 世代"消费者亲自参与到产品建设、品牌维护中去，是线下创意营销方式中较受欢迎的一种方式。那么，具体应该设置怎样的亲自动手参与模式，才能达到预期的营销效果呢？

首先，品牌或线下门店可通过邀请消费者亲自动手制作产品的方式带给消费者独一无二的体验。比如，某家陶艺店定期开展陶艺体验活动，邀请消费者进店亲自动手制作产品，在享受 DIY 制作的过程中加深对这一陶艺品牌、这家陶艺店的好感。

其次，品牌或商家可通过邀请消费者共创产品的方式加强消费者对产品、品牌的情感链接，提升消费者的黏性。比如，某运动服饰品牌在线下店铺里设置一块专门的"创作空间"，供年轻消费者自由创作、共创产品。具体做法是消费者先选中店内的一款产品，然后利用"创作空间"里提供的画笔等工具画出自己脑海中的创意图案，门店工作人员再运用热转印等技术将这一创意图案呈现在先前所选中的产品上。这种特殊的"共创产品"的方式很受年轻人的欢迎，令该品牌线下门店流量大增。

营销案例

变身茶饮师，打造独特体验

某饮品品牌为了能在激烈的市场竞争中脱颖而出，取得一席之地，在品牌创建之初就明确了"健康茶、自己制"的独特品牌理念，采用"消费者DIY自制奶茶"的新型零售之路去赢取年轻消费者的关注。

消费者进店后，首先需要扫码取杯，然后去小料区选择心仪的小料，再选择喜欢的热饮……全程都需要自己亲自动手，给消费者一种自己就是本店茶饮师的良好感觉，乐趣无穷。这种新颖的售卖方式吸引了大批年轻人进店打卡消费。

第6章

品牌营销：与"Z世代"同频共振

圈层解码

圈层画像

品牌营销

圈层渗透

文化营销

线上营销

线下营销

颜值营销

"Z世代"对一切新的事物感兴趣，在品牌偏好方面关注新潮流、新体验，因此针对"Z世代"，品牌营销必须不落窠臼，牢牢把握"Z世代"的新需求，不断赋予品牌新定义，使品牌投其所好，符合"Z世代"消费需求和审美品位，引导"Z世代"关注品牌、追随品牌。

6.1

品牌口碑，重要的敲门砖

"Z世代"是当前消费者市场中最年轻的一代，也是未来消费潮流的风向标，品牌营销要想把握营销趋势，就必须跟随"Z世代"的消费喜好发展，让品牌有良好的知名度、信任度、美誉度，赢得"Z世代"的青睐。

6.1.1 跻身"Z世代"关注领域，借行业热度提升品牌知名度

随着"Z世代"成长为当前市场消费的主力消费人群，"Z世代"的消费需求表现出鲜明的行业（或市场领域）倾向。

　　《消费者报道》杂志《2022 年企业"Z 指数"报告》一文中提到，深受"Z 世代"青睐的热门行业与领域主要有国潮服饰、黄金珠宝、美容美妆、休闲食品等，如图 6-1 所示。品牌要吸引"Z 世代"的消费注意，必须了解"Z 世代"的品牌喜好，结合"Z 世代"的消费特点，跻身"Z 世代"关注领域，提高品牌知名度。

图 6-1　"Z 世代"喜欢的热门行业与领域

如果品牌刚好属于"Z世代"热衷消费的热门行业，可以说是占据了营销先机，应结合行业营销、文化、审美等风向标为品牌"贴标签"，让"Z世代"主动关注品牌。

如果品牌并不属于"Z世代"热衷消费的热门行业，则可以通过热门行业话题借势营销，或与热门行业品牌联名营销等营销方式，主动走进"Z世代"的消费视野，增加品牌在"Z世代"心目中的"存在感"，让"Z世代"熟悉、关注、认可品牌。

6.1.2 了解"Z世代"消费偏好，通过投其所好提升品牌信任度

与传统消费群体不同，"Z世代"是极具个性的一代，对产品和品牌有着与众不同的看法和需求。品牌要想吸引"Z世代"消费者，就应该了解该圈层对消费的看法和需求，在此基础上才能塑造该圈层所需要的品牌文化与品牌价值，进而吸引"Z世代"消费者。

"Z世代"的消费具有"悦己""享受消费体验""注重个性差异"等特点，通过这些消费特点标签，可以了解到"Z世代"的关注点，不局限于购买消费品本身的使用价值，更注重消费品的附加值。对此，品牌应从"Z世代"需求出发，不断增加产品的附加值，为"Z世代"量身定制产品和服务，让"Z世代"认可品牌、信任品牌。

6.1.3 挖掘品牌个性和魅力，吸引"Z世代"，提升品牌美誉度

品牌要吸引"Z世代"的注意，必须了解"Z世代"所看重的品牌调性，结合"Z世代"的消费特点和时尚认同，不断挖掘品牌个性和魅力，以引起"Z世代"的关注，引导"Z世代"产生消费行为。具体方法如图6-2所示。

品牌要格调独特

品牌要小众个性

品牌要够新潮

图 6-2 挖掘品牌魅力、吸引"Z世代"消费者关注的方法

◆ 品牌要格调独特

这里的"格调"是指品牌个性鲜明的文化内涵。对于品牌来说，要吸引"Z世代"，就必须由内而外地体现与"Z世代"的个性相契合的品牌追求。

一方面，品牌文化所传递的价值观应是正向的、积极的，能代表甚至成为"Z世代"的个性宣言，但绝非哗众取宠。

比如，手机品牌荣耀的广告语从"勇敢做自己"更迭为"活出，我的荣耀"，更加体现出了品牌所提倡的平等、开放和去中心化的理念，这样的品牌文化符合"Z世代"对人对事"自我、平等、包容、适应、现实"的价值观[①]，自然能吸引"Z世代"的关注和认同。

另一方面，品牌产品应符合"Z世代"对消费品的个性化要求，如在产品包装上注重体现"颜控"，在产品生产过程中突出成分配料或技术的"硬核"。

比如，当前无论是休闲小吃还是饮品，都注重使用"0添加""非油炸""低热量"等宣传语，体现了现阶段品牌对"Z世代"消费需求的精准把握。具体来说，"Z世代"不会克制自己对休闲食品的消费需求，但也不会向食品健康问题妥协，品牌对食品的健康成分的宣传正迎合了"Z世代"对健康食品的要求，这样的品牌自然能得到"Z世代"的青睐。

[①] 郭鹏.年轻化：Z世代品牌爆发式增长法则[M].北京：机械工业出版社，2021：19-20.

◆ 品牌要小众个性

小众个性意味着不从众、品位独特、独一无二。

"Z世代"是追求个性的一代，他们能认识到自己的与众不同，也希望自己所使用的商品能表现出"与众不同"的特性，因此会喜欢一些小众的个性化品牌。

品牌要赢得良好口碑，可以从体现品牌小众个性的价值观、图文元素等方面入手，从符合"Z世代"的消费需求和审美需求打入"Z世代"文化圈。

以兴趣聚集的"Z世代"形成了很多文化圈层，如国风圈、电竞圈、二次元圈、模玩手办圈、萌宠圈、追星圈等，每一个圈层内都有比较知名的品牌。

如果品牌的个性足够突出，足够在小众文化圈内占据"意见领袖"的位置，就能打造出"Z世代"的圈层文化中不可缺少的时尚单品、文化标签。比如，强调品牌认同、产品功能和品质，融入和突出"Z世代"的"文艺感""喜感""体验感"等，能满足"Z世代"悦己、交际的物质和精神消费需求，基于此，品牌就能在"Z世代"圈层中站稳脚跟。

◆ 品牌要够新潮

品牌要想拥有良好的口碑，不仅要追随"Z世代"的文化和消费潮流，还要主动出击，引领"Z世代"的文化和消费潮流。

随着"Z世代"成为市场消费主力，越来越多的品牌希望能抓住"Z世代"的喜好，成为消费品市场的主要占有者，一些专门针对"Z世代"消费者的消费喜好而开发的新产品，或由"Z世代"创立的新品牌应运而生，这些新品牌、新产品代表和引领了"Z世代"的流行风尚和趋势，是当之无愧的潮牌。

潮牌普遍具有以下特点：是原创品牌，有独特的设计风格和品牌态度，能与"Z世代"建立信任和共识。品牌良好口碑的打造和建立应朝着这个方向努力。

现阶段，"国潮"是"Z世代"消费者最喜欢的品牌标签，许多品牌都纷纷将国潮纳入品牌文化和产品社交，这些品牌主打高品质、文化底蕴、特色社交，主要集中在美妆、服饰、食品等领域，如彩妆品牌完美日记、独立设计师服装品牌两三事、休闲食品品牌良品铺子推出的敦煌潮礼系列月饼等，这些品牌和产品符合"Z世代"对潮流和时尚的追求，最终成为比较受欢迎的国潮品牌与产品，能为新生品牌打造良好口碑、吸引"Z世代"，提供营销参考思路。

6.2

品牌故事，打造专属"设定"

　　"Z世代"在互联网环境中出生、成长，在他们的成长过程中，生活相对富足，各种消费品来源丰富，面对同一类消费品可以有多种选择，在同类产品多、产品与产品之间的使用价值差别并不大的市场背景下，哪个品牌更能打动人心，哪个品牌就有可能赢得"Z世代"消费者的青睐。

6.2.1　会讲品牌故事的重要性

　　品牌故事是品牌形象的基石，是品牌文化的重要表现形式，缺少了品牌故事的品牌很难深入人心。因此，品牌不仅要充分认识到品牌故事的重要性，还要会讲、讲好品牌故事，让品牌形象通过品牌故事的不断传播走进"Z世代"消费者的视野。

◆ 品牌故事是品牌营销的重要策略

现代社会，产品同质化严重，在消费品市场上供大于求的现象十分普遍，市场竞争激烈，品牌要想脱颖而出，就必须有能打动消费者的故事，这便是品牌故事存在的必要性。

在品牌营销过程中，通过传播品牌故事来推广品牌、提高品牌的知名度，是现代品牌营销的重要策略。很多消费者都是因为了解了品牌背后的故事后，才产生购买品牌产品的想法。

比如，水果品牌褚橙从众多竞品中脱颖而出，并不是因为褚橙个头更大、价格更低，而是因为褚橙背后有一个品牌创始人东山再起的励志故事，消费者被故事打动，愿意为情怀买单，在普通橙子与"励志橙子"之间选择购买后者。

◆ 品牌故事可以传递和提升品牌价值

品牌故事是品牌价值的重要表现形式，当品牌价值通过品牌故事的形式表现出来时，消费者可以通过故事更轻松地认识和理解品牌价值。可以说，品牌故事的存在，为品牌和消费者之间搭建了一座沟通的桥梁。

在品牌营销过程中，当品牌故事与社会主流价值观、消费者价值观产生共鸣时，就会提升品牌价值，增强品牌在消费者心中的美誉度。

比如，不少消费者在订婚时选择购买 DR 钻戒，并不是因为 DR 钻戒更保值，而是因为 DR 钻戒承诺"男士一生仅能定制一枚"，其营销故事也从宣传"用一生爱一人"入手，在短视频平台推出各种小短剧。其品牌故事提升了产品本身的价值，将产品价值上升到精神领域，鼓励消费者为爱情买单。

再如，运动品牌会在营销过程中会邀请运动员代言，讲述运动员的成长和夺冠故事，为品牌赋予运动拼搏的精神，可以引发消费者的运动情感，有效提升品牌价值。

6.2.2 为"Z世代"量身定制品牌故事

要赢得"Z世代"的喜爱，就应该为"Z世代"量身定制品牌故事，与"Z世代"建立情感链接，让"Z世代"认同品牌故事和价值观，甚至主动在各自圈层中分享、传播品牌故事，从而扩大品牌的影响力。

具体可以从人（创始人、代言人、员工、用户）、产品、品牌等角度切入为"Z世代"量身定制品牌故事，如图 6-3 所示。

创始人	代言人	员工
用户	产品	品牌定位
传承发展	项目	……

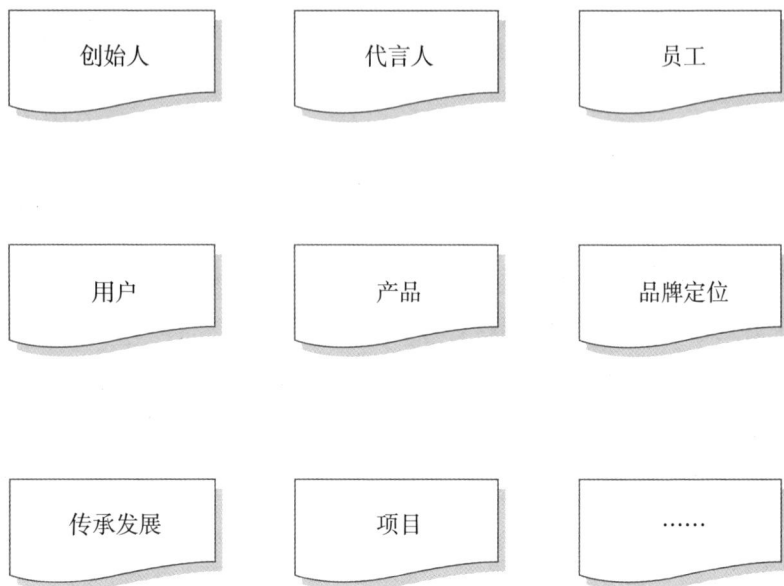

图 6-3　品牌故事的讲述角度

◆ 从人的角度讲品牌故事——用个人追求对标"Z 世代"消费群体追求

从人的角度讲品牌故事，具体可以从创始人、代言人、员工、用户角度来操作。从具体的人身上去寻找对应"Z 世代"消费群体的影子，用具体的人的真实生活故事去再现"Z 世代"消费群体成长经历，以个人的成长和追求浓缩"Z 世代"消费群体的成长和追求，进而引起"Z 世代"消费群体的情感共鸣。

比如，上文所提到的水果品牌褚橙以创始人为切入点来讲述品牌故事，手机品牌华为也曾以创始人任正非为切入点讲述品牌故事，这些品牌的创始人本身具有令人敬佩的精神和格局，挖掘他们身上"Z世代"感兴趣的经历，可以成为品牌故事的最好素材，能引起"Z世代"的精神共鸣。

从代言人角度讲述品牌故事迎合了"Z世代"的追星心理和热情，"Z世代"会追随自己的偶像，为了偶像而产生消费行为。

从员工角度讲述品牌故事的品牌有很多，其中美团最具代表性。如今，在公众的印象中，美团的众多"骑士"（送外卖的人员）们已经成为无所不能的存在，他们像隐藏在人间的超级英雄，在他们身上曾发生过许多感人的故事，这对于美团来说都是很好的品牌故事，讲好这些故事，能有效提高品牌知名度和美誉度。

"Z世代"是非常重视消费体验的一代，从用户角度讲品牌故事也非常重要和有效。

在短视频平台上，曾有一位女性用户发了一条爱人背部晒伤的照片（防晒喷雾覆盖下的皮肤白皙如常，防晒喷雾未覆盖到的皮肤晒伤晒黑）并附文字解释，大意是说很敷衍地帮爱人喷了防晒喷雾，结果证实产品防晒效果非常好。这条真实的用户体验在短视频平台引发热议，也直接促使短视频中提到的同款防晒产品大卖，销量实现现象级增长。

一些比较熟悉网络营销玩法的品牌，还经常会邀请一些博主从消费者的角度发布产品使用视频和分享使用心得，"Z世代"非常擅长从此类视频中提取有效信息作为购物指导。这也从侧面表明从用户角度讲好品牌故事的重要性。

◆ 从产品的角度讲品牌故事——用产品品质对标 "Z 世代" 消费者品位

从产品的角度讲品牌故事是比较容易理解的，品牌从产品角度出发，向 "Z 世代" 消费者展示产品的特点、优点、卖点，以满足 "Z 世代" 消费者对产品的购买需求，进而引发 "Z 世代" 消费者对产品和品牌的认可和认同。

具体来说，可以从产品生产、设计、使用体验等多个方面来讲述品牌故事，如图 6-4 所示。

产品研发、生产的初衷是什么

产品生产过程中的新成分、新科技、新突破

产品的差异性圈层文化、审美

产品货源

产品消费体验

产品附加值

图 6-4　从产品的角度讲品牌故事的内容方向

比如，大未科技在讲品牌故事时，从产品研发和消费者使用体验的角度出发，介绍了设计2合1壁挂架、随行吸头夹的"懒人必备产品"，以及产品配件丰富、多场景适用的"完美主义者专用产品"，突出体现了其产品在满足清洁这一基本需求的基础上，让清洁更简洁、轻松，甚至更酷。

再如，农夫山泉在讲品牌故事时，从技术员的角度出发讲述了他们如何在世界各地寻找优质水源的故事。

总之，品牌可以从产品的不同角度去讲述品牌故事，从不同角度激发"Z世代"的购买欲望。

◆ 从品牌特质的角度讲品牌故事——用品牌特质对标"Z世代"消费者特质

这里的品牌特质是多方面的，可表现为文化认同、价值观认同、消费审美、消费行为偏好等。

"Z世代"是求新的一代，喜欢新鲜事物，针对"Z世代"消费者"颜值主义""热衷体验消费"等特质，品牌可以从品牌的风格转变、潮流引领等方面讲述品牌故事，多角度、多层面、多样化地展示品牌特质与魅力。

"Z世代"喜欢各类圈层文化，品牌可以尝试跨界联名，推出新的消费体验（新设计理念或元素溯源、新形象、新定位等），从新角度讲述与以往不同的、新鲜时尚的品牌故事。

比如，护肤品牌DHC与小黄人联名，通过为经典产品换"新装"与新时代女性消费者实现价值共创，邀请一个个真实的消费者分享她们从各种社会角色和生活、学习、工作等琐事和困扰中回归自我、摆脱压力、焕新身份、追求自我的经历，完美契合了"Z世代"消费者的审美需求和消费心理需求。

除了求新，"Z世代"也崇尚"硬核态度"和"精神力量"。对此，品牌可以从品牌文化、价值观、技术攻关、项目参与等方面讲述品牌故事。比如，九阳解锁太空科技，让航天员在太空实现三餐自由，其太空科技系列产品受到消费者的追捧，实现了从父辈消费者向年轻消费者的全覆盖。

6.2.3　让"Z世代"参与品牌故事创编

当下，"Z世代"消费者成为市场消费主力，品牌只有不断靠近消费者才能了解消费者，而相较于品牌对消费者的了解，"Z世代"消费者更清楚他们自己想要什么。

品牌在构建品牌形象、品牌文化的过程中，应主动邀请"Z世代"消费者参与进来，为品牌注入新的市场活力，也让品牌更加深入"Z世代"的圈层。

让"Z世代"消费者从自身角度出发书写符合他们的价值观、审美需求和消费需求的品牌故事，这让消费者与品牌能产生更强的情感联系。

20世纪90年代，宝洁旗下护肤品牌Olay进入中国市场，随着品牌的沉淀，其消费群体主要集中在"妈妈辈"。为了打破受众圈层，让品牌更加年轻化，吸引更多年轻的消费者，Olay 邀请 100 个 KOL（关键意见领袖）分享她们的数字故事，提出"属于女人的数字，不是年龄，而是故事"的宣传口号，强化了品牌产品"无惧年龄"的理念，弱化了品牌主要受众群体的年龄特点，吸引了年轻人的关注。

营销智慧

用"Z世代"喜欢的方式
讲好品牌故事

想要用品牌故事打动"Z世代"，不妨先来了解"Z世代"究竟喜欢怎样的品牌故事。

● 贴合生活，情感链接强。"Z世代"普遍喜欢贴合其生活、能够引发强烈情感共鸣的品牌故事，比如，西少爷肉夹馍曾以"我为什么辞职去卖肉夹馍"这一品牌故事吸引了众多年轻人的关注，该品牌的热度也因此水涨船高。

● 丰富多元，包容性强。很多"Z世代"倾向于聆听丰富多元、包容性强、能够展现不同人的观点或经历的品牌故事。比如，多芬曾邀请几位不同身材、不同经历的女孩讲述自己的真实故事，以此诠释多芬的品牌理念——"自己的美自己定义"，这在年轻消费者间引起广泛的讨论度。

● 强调环保、绿色发展。"Z世代"对环保、绿色发展的认知度高，这一群体中的很多人有着强烈的社会责任心。品牌在讲述品牌故事时不妨融入环保元素，比如手机品牌荣耀曾以"关灯后的温暖瞬间"为主题，讲述了一个特别的品牌故事，向人们传达了该品牌对于节能、环保活动的支持，这也令很多年轻人对该品牌的好感度倍增。

6.3

诠释品牌理念，获得"Z世代"认可

在以"Z世代"消费者为消费主力的市场竞争环境中，品牌要获得"Z世代"消费者的认可，必须有符合"Z世代"消费者认知的年轻化的品牌理念。

6.3.1 明确品牌理念

品牌理念将直接影响"Z世代"是否能看到品牌营销，是否参与品牌营销。因此，在品牌营销过程中，要重点明确以下三方面内容，如图 6-5 所示。

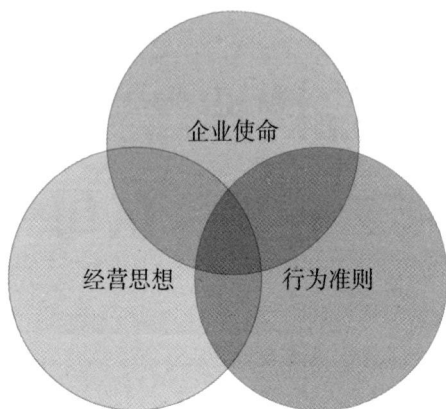

图 6-5　品牌理念核心内容

（1）企业使命：明确品牌和企业的创立、创新初心，这是品牌在市场立足的基础。

（2）经营思想：明确品牌和企业的经营思想，如面对消费者和市场经营时的产品生产标准、销售诚意、服务态度等，有意识地为消费者塑造一个"有态度"的品牌形象。

（3）行为准则：明确品牌在营销宣传过程中的营销活动或个人行为准则。

在明确品牌理念的过程中，充分考虑"Z 世代"能接受、乐意接受的企业使命、经营思想、营销行为，使用"Z 世代"钟爱的方式、平台、时间、态度、语气，通过图文或音视频营销形式和内容等进行有针对性的宣发、推广。

6.3.2 突出个性化品牌理念

"Z世代"的消费具有个性化特征，面向"Z世代"消费者开展营销，可以将品牌理念中关于创新、与时俱进的点提炼出来，为品牌添加鲜明的"个性化标签"，迎合消费者。

具体而言，可以尝试从个性产品、个性广告、个性包装方面，向"Z世代"消费者传递个性化品牌的理念。在消费品市场中，当消费者面临的选择过多时，个性化、特色化的品牌自然能让消费者眼前一亮，进而吸引消费者关注和追随品牌，为品牌旗下产品主动买单。

举例来说，从"妈妈一代"喜欢用的护肤品，到"Z世代"年轻消费者追捧的护肤品，护肤品品牌百雀羚"坚守天然，不断创新"的个性化品牌理念一直是其吸引消费者的"王牌"。

百雀羚更在2020年推出广告短剧《帧颜传》，以"不老秘方""穿越"等文化元素紧扣品牌的"天然"与"创新"个性化理念，再加上"穿越""明星同款""限量"等营销策略，使得帧颜系列产品一上市就迎来开门红。

百雀羚成功营销的原因在于，其"坚守天然，不断创新"的天然草本护肤理念始终未变，尤其是在消费者越来越注重美妆产品环保配料的现阶段，其"坚守天然"的品牌理念更加可贵。

6.3.3　强调差异化品牌理念

　　"Z世代"消费者具有一定的矛盾性，一方面，他们的消费行为通常是理性的，他们购物会考虑产品的性价比，会货比三家，会计算各种优惠凑满减等，绝对不当"冤大头"；另一方面，他们又愿意为产品的溢价买单。

　　"Z世代"消费者是不从众的一代，他们愿意为自己钟爱的产品溢价部分买单。正是基于他们对自我与众不同的肯定，一些产品尽管价格远远高出其本身的制作成本，溢价明显，但"Z世代"消费者仍愿意争相购买。

　　因此，品牌能在营销过程中应强调品牌的差异化，将品牌的生产、设计理念传递给"Z世代"消费者，一旦品牌理念获得"Z世代"消费者的认同，就能实现成功营销。

　　例如，咖啡品牌星巴克的品牌定位为高端品牌，旨在让顾客收获不同的体验。为了突出与其他同类产品的品牌差异，星巴克坚持选择优质的阿拉比卡咖啡豆；精细的制造工艺确保每一杯咖啡的香味和口感几乎相同；店面设计别具一格；各系列咖啡杯设计独特；在星巴克烘焙工坊中，顾客能听到咖啡豆被逐渐研磨成粉的声音，悠扬的音乐营造出独特的咖啡文化氛围。上述这些方面都诠释了星巴克"高端"的品牌理念，由此吸引了许多"Z世代"消费者为星巴克的差异性品牌理念和产品溢价买单。

　　如果品牌理念能与"Z世代"消费者的消费理念完全契合，则可能直接让产品爆单。SKG按摩仪营销的一路高歌正说明了这个营销逻辑。

随着社会压力的不断增大，近年来，"Z世代"的"朋克养生"①逐渐兴起，"Z世代"的养生消费逐渐增多，甚至赶超"70后""80后"，在消费品市场中，"Z世代"渴望借助养生消费来养成一种健康的生活方式。

针对"Z世代"的养生需求，SKG推出"可穿戴健康产品"，提出"送礼送健康"的品牌理念，在社交媒体平台上积极为消费者种草，让SKG按摩仪成功出圈，成为备受"Z世代"喜爱和追捧的爆款产品。

---

① 朋克养生：网络流行词，形容一种一边"作死"一边养生的方式，如一边积极参与健身一边坚持熬夜追剧。

6.4

联名造势，快速获取关注

联名商品能实现两种或两种以上品牌文化的碰撞，能为"Z世代"消费者带来新奇、有趣、时尚、个性化的消费体验，能在"Z世代"消费者的各类文化圈层内快速传播，引起"Z世代"消费者的广泛关注。对品牌来说则能有效提高品牌知名度，提高产品溢价，丰富产品款式。因此，当前许多品牌在营销过程中都会积极尝试联名造势，开展联名营销。品牌联名营销，可以采取以下几种形式。

6.4.1　品牌与名人联名

　　品牌与名人联名，可以相互借势提高知名度。

　　对于品牌方来说，品牌能通过名人的站台、社交宣传、背书等，借助"名人效应"，提高品牌的知名度和美誉度，同时品牌还能以名人为"介绍人"，实现跨圈层营销。

　　在实际的品牌营销策略实施过程中，品牌可联名的名人对象范围是极为丰富的，如文娱明星、行业博主、知名人士（如设计师、艺术家、企业家等），虚拟人物（如动漫人物、科幻或仙侠影视剧中的人物、AI生成的虚拟人物）等，无论哪一类名人，都应是可以引导"Z世代"消费者进行消费的 KOL（关键意见领袖），如图6-6 所示。

图 6-6　与品牌联名的名人类型

6.4.2　品牌与品牌联名

品牌与品牌合作联名，可以实现强强联合，有助于品牌吸引更多潜在消费者的关注，扩大品牌的市场份额。

品牌在针对"Z世代"消费者进行联名营销时，所选的合作品牌应在"Z世代"消费人群中具有一定的影响力。

此外，品牌联名过程中，合作所产出的联名产品应符合"Z世代"消费者的消费需求、审美特征、情怀及价值观，这是以"Z世代"消费者为目标人群的品牌与品牌联名的重要基础。

结合品牌联名营销实例来看，通常文化圈层差异较大的不同品牌进行联名，所创造出来的营销惊喜和营销效果更明显。比如，国产奶糖品牌大白兔曾与可口可乐合作，推出联名新年礼盒"兔个乐盒"，在年轻消费群体中广受欢迎；肯德基和元气森林合作，推出联名帆布袋，一经上线，便受到了"Z世代"消费群体的热捧。

6.4.3　品牌与 IP 联名

"Z世代"兴趣广泛，几乎每个圈层都有他们喜欢的 IP，品牌营销要融入"Z世代"消费人群，不妨从他们喜欢的 IP 入手，与特色文化 IP 联名，让品牌渗透到"Z世代"文化圈层。

在当前品牌与 IP 的联名营销中，影视化 IP（电影 IP、动漫

IP）备受欢迎，游戏 IP 炙手可热，一些文化 IP 也呈现出强劲的联名营销实力，比如，国产珠宝品牌周生生与动漫 IP 海贼王合作，推出"海贼王黄金转运珠"，这款产品一经推出便吸引了爱好动漫的"Z 世代"的目光，令"Z 世代"消费群体对于黄金饰品的好感度倍增；国产品牌毛戈平曾与故宫文创联名推出"气蕴东方"系列美妆产品，深受年轻人欢迎。

品牌共创，让"Z世代"加入品牌发展

互联网时代，品牌向消费者单向传播信息的链条已经发生了改变，年轻一代更喜欢具有参与感的营销活动。邀请"Z世代"一起参与品牌共创，才能真正打造出备受"Z世代"喜欢的品牌和产品。

6.5.1　品牌形象共创

成功的品牌营销策略是回归消费者的诉求，让"Z世代"参与营销甚至主导营销，共创品牌形象，彰显个性力量。

从线上热搜词，到线下高频词，"Z世代"创造出了许多彰显群体特征的词语，如"斜杠青年""柠檬精""锦鲤"等。一些相关表情包和图文形象在线上线下频繁被提及。许多品牌应时而动，积极迎合"Z世代"打造出个性化的品牌形象、产品形象，直接针对"Z世代"消费者开展营销。

结合"Z世代"圈层文化的热搜词"柠檬精"，轻食品牌暖柠确定了"暖柠"作为品牌名称，并推出品牌形象代言人"柠檬精"，让"柠檬精"化身"柠萌精""柠养师"，向消费者提出"昨天吃多了，今天吃暖柠""来暖柠吃点好的"的品牌符号，直接锁定消费者的需求，让品牌收获了大量"Z世代"粉丝。

国货潮品健力宝，为扩展消费者群体，紧跟时代潮流，不断研发和推出新的产品包装，如结合"Z世代"的消费心理需求推出"锦鲤护体""招财熊猫""中国制造"等特色包装产品，推动了产品销量的激增。

从"Z世代"文化圈层中吸取灵感，与"Z世代"一起完成品牌与产品的形象创造和创新，是走进"Z世代"文化圈层、赢得"Z世代"消费者关注的重要营销策略之一。

6.5.2　品牌内容共创

促进品牌信息广泛传播的一个重要方式是，让"Z世代"对品牌信息感兴趣，并产生"我也来尝试一下""我也来模仿一下"的参与心理，在参与品牌内容创作的过程中，借助"Z世代"热衷社交分享的特征，促进品牌信息的不断传播、扩散。

比如，蜜雪冰城的"洗脑"主题曲在上传B站之后，引发了网友的大量转发和创作改编，一些网友的魔幻改编成果进一步激发了更多网友的创作欲望，就这样，蜜雪冰城广告主题曲一时间风靡整个平台。可以说，蜜雪冰城的营销投放精准，引发了消费者的共鸣、共创、营销助推，因此才能凭借三句歌词就完成向"Z世代"消费者渗透的营销奇迹，顺利打开了年轻一代消费者市场的大门。

6.5.3 品牌价值观共创

品牌在发展过程中，需要不断丰富品牌文化内涵，为品牌价值不断注入新的生命活力。

"Z世代"是个人价值观和社会价值观都非常明确的一代，他们有自己独特的价值观追求，在针对"Z世代"消费者进行营销的过程中，如果品牌善于发现"Z世代"价值观中的核心内容并能为我所用，就能引起"Z世代"的关注。

在大众以往的印象中，999皮炎平是医药品牌，有谁能想到有一天它能在美妆领域大有作为呢！这一反差不仅能吸引大众的目光，更让"Z世代"心动。2019年，999皮炎平瞄准"Z世代"，先以微信推文《七夕想送礼，999 配吗？》试水，再以《999 皮炎平爱不心痒》短视频造势，推出"鹤顶红""夕阳红""够坦橙"三种色号的口红，传递富有"Z 世代"个性、情感化特征的价值观，让受众眼前一亮，是传统品牌转型及年轻化营销的一次勇敢尝试。

寻找品牌代言人，扩大品牌影响力

　　一些公众人物自带流量，在线上线下拥有很多粉丝，在市场经济中，这些人物扮演着关键意见领袖的角色，邀请公众人物做品牌代言人，利用代言人的社会影响力开展营销，是品牌营销常用的有效营销策略。

　　"Z世代"熟悉互联网，在网络上可抱团形成巨大的影响力，在线下也有各种社交圈。无论是获得广大网络消费者的关注，还是深入特色文化圈层活动中，要靠近"Z世代"、融入"Z世代"，非常有必要寻找合适的品牌代言人，借助代言人的明星效应，建立品牌与"Z世代"消费者之间的情感链接，扩大品牌影响力，提高品牌的市场占有率。

　　代言人不仅能扩大品牌在固定文化圈层内的影响力、提高品牌旗下产品的短期销量，对品牌形象建设和长远发展也有重要影响，因此品牌应慎重选择品牌代言人。

针对"Z世代"的品牌营销，选择品牌代言人应重点关注以下几个方面。

（1）寻找在年龄上属于"Z世代"的代言人。品牌要打动"Z世代"消费者，应从"Z世代"中去寻找代言人，年龄限定是一个比较硬性的标准。

（2）寻找与品牌有共性、气质相符的代言人，在营销宣传中能突出品牌和代言人共有的个性特征，如年轻、新锐、有活力，不能让消费者觉得品牌与代言人的合作违和、格格不入。

（3）寻找在目标消费者群体中有号召力的艺人、文体明星或其他领域知名人物，代言人应能诠释品牌形象、传递品牌个性、促进消费转化。

（4）寻找有正能量的代言人。很多品牌在选择代言人时，往往会以流量为唯一标准，谁火就跟谁合作，追求短期产品爆单效果。实际上，品牌更应考虑自我的长远发展，全面了解候选代言人的专业能力、综合素质、人品等，目光要放长远。

6.7

推出虚拟形象，强化品牌形象

成功的虚拟形象设计能为品牌形象加分，可以充当品牌形象代言人的角色，能有效强化品牌形象，为品牌形象加分，圈粉"Z世代"。

6.7.1 虚拟形象让品牌形象更亲切、具体

品牌是一个内容丰富的概念，可以表现为多种形式，但对消费者来说是比较抽象和难理解的。虚拟形象可以让品牌形象化、具体化，能成为品牌和消费者之间沟通的纽带。

对于"Z世代"来说，他们从小接触网络，因此对品牌虚拟形

象的接受度和理解度是非常高的，一个仿真人的品牌虚拟形象的建立是品牌人格化道路上的里程碑，是宣传和展示品牌个性、特质的重要手段。

虚拟形象可以帮助品牌建立"人设"，通过个性化的标签来吸引具有相同个性的目标用户，圈粉"Z世代"消费者。

比如，彩妆品牌花西子推出的古典美人虚拟形象"花西子"，其形象典雅端庄，定位是一位东方佳人，这样的气质与花西子"东方美妆"的品牌定位是相符的。

美妆品牌卡姿兰的虚拟主理人为"大眼卡卡"，其年轻、美丽、时尚的形象与品牌对应的"Z世代"消费人群不谋而合。

上述品牌的虚拟形象经常出现在品牌官网、网店、直播间中，与消费者进行互动，回答消费者的问题，向消费者介绍美妆产品和化妆技巧、展示产品效果，甚至还能跳舞活跃氛围，能带给消费者新奇的美妆体验、购物体验，拥有许多"Z世代"粉丝。

推出虚拟形象，是适应"Z世代"消费环境的必要选择，现阶段，虚拟现实、元宇宙等都是"Z世代"喜欢和热衷讨论的元素，品牌应主动靠近消费者。

此外，品牌的虚拟形象在很大程度上代表了品牌的形象，"Z世代"消费者与虚拟形象沟通，就是与品牌进行沟通。良好的虚拟形象能为品牌宣传、带货、吸粉，其营销影响力有时并不低于真实代言人。

6.7.2　品牌的虚拟形象不仅局限于人

品牌的虚拟形象并不仅仅局限于"人"的形象，也可以有其他很多种可能，如蜜雪冰城推出的雪王、腾讯的企鹅等卡通形象或吉祥物等。

以蜜雪冰城推出的虚拟形象雪王为例，蜜雪冰城的虚拟形象雪王萌趣可爱、深入人心，成为消费者心目中的重要文化符号，蜜雪冰城还专门为雪王拍摄了主题 MV，在 B 站引发创作热潮，在抖音收获了 60 亿 + 的播放量，赢得了广泛关注。之后，蜜雪冰城为新品造势推出了"黑化"的"黑雪王"，再次引发年轻人的围观，品牌方还适时回复网友称"雪王是被晒黑的"，形成良好的互动。

蜜雪冰城的雪王形象（黑雪王）和 MV 借鉴了"Z 世代"喜爱的土味元素、趣味表达，符合"Z 世代"的消费审美和个性表达，牢牢抓住了"Z 世代"的消费喜好，是非常成功的针对"Z 世代"的品牌虚拟形象营销案例。

注重售后服务，让消费者变成"粉丝"

  品牌营销并不以消费者下单付款为结束，售后服务也是品牌营销的一个重要但容易被忽视的环节。优质的售后服务能引起其他消费者的情感共鸣，可以增加品牌美誉度；而敷衍或态度恶劣的售后服务可能毁掉一个品牌。因此，品牌营销必须注重售后服务。

  无论是线上还是线下，无论是产品还是服务，"Z世代"消费者都非常重视消费体验，如果消费体验不好，很可能会导致"Z世代"消费者放弃购买某产品，如在网购时，面对一件低价需付运费和一件高价包邮的产品，"Z世代"大多会选择后者。

  当然，与其他消费群体不同，"Z世代"消费者善于社交分享，他们喜欢分享自己的消费体验，而一些不好的消费体验的线上线下传播速度会非常快，因此当品牌认为自己失去了一个"Z世代"消费者时，很可能已经失去了成百上千个消费者。

现阶段，品牌营销在售后服务方面应注重以下几个方面。

（1）"Z世代"生活在一个"短、平、快"的时代，因此一定要及时、快速回复"Z世代"消费者的咨询和反馈。

（2）"Z世代"富有个性，客服的趣味化昵称和充满人情味的个性化回复是必要的，切忌生硬、答非所问的话术轰炸。

（3）"Z世代"重视购物细节，更容易被细节激发不满情绪，为了避免"Z世代"消费者对品牌进行负面评价，应在营销中重视把控细节，如避免宣传文案错别字，避免产品或包装存在哪怕一丁点细小的破损等。

（4）营销人员和售后服务人员应熟悉"Z世代"购物心理和"Z世代"语言风格，有温度、严谨而不失趣味性的互动往往能让"Z世代"感受到被理解，可以让"Z世代"更认同、依赖品牌，进而为品牌打call，成为品牌粉丝。

（5）在售后服务中，端正服务态度，不要试图对"Z世代"消费者进行任何道理的灌输或说教。

（6）尊重和重视"Z世代"的消费感受和产品使用感受，主动在"Z世代"活跃的社交媒体平台上收集消费反馈和建议，不断优化产品、优化售后服务。

营销案例

优质售后，让"Z世代"购物无忧

当前，很多品牌或商家在销售产品时为了降低库存成本会选择预售，对于"Z世代"消费者而言，他们喜欢预售尝鲜，为自己喜欢的产品付出时间成本，但过长的预售时间可能会引发"Z世代"消费者的大量退单行为。在预售尝鲜和售后服务的"冲突"中，国美零售交出了一份满意的答卷。

国美零售布局线上"真快乐"App，以"乐"促"购"，吸引"Z世代"消费者发现好物、分享好物、购买好物，并在平台订单激增的同时能大胆推出黄金服务月活动，承诺配送超时赔付以及抽奖福利活动，全面解除消费者购物的后顾之忧，受到了"Z世代"的喜爱，吸引了大量"Z世代"消费者，其零售App的用户活跃量激增，收获了大量"Z世代"消费者、KOL（关键意见领袖）与KOC（关键意见消费者）入驻平台，客单价和转化率也不断提升。

第7章

颜值营销：用"高颜值"俘获"Z世代"

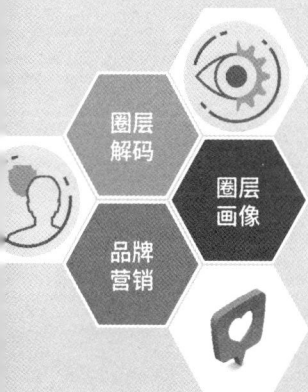

圈层解码

圈层画像

品牌营销

圈层渗透

文化营销

线上营销

线下营销

颜值营销

在购买商品时，"Z 世代"消费者往往会选择颜值更高、附加价值更高的商品。因此，品牌想要赢取"Z 世代"的青睐，就要迎合"Z 世代"的审美风尚，打造高颜值、高价值的产品以吸引"Z 世代"的目光。

跟随潮流变化，改变包装设计

产品的包装设计能够体现产品、品牌的价值理念、审美风格，诠释品牌对美的理解。"Z 世代"消费者在购物时尤其注重产品的包装设计，认为其可彰显消费趣味、生活态度和审美追求。

7.1.1 用潮流风格吸引"Z 世代"

"Z 世代"崇尚个性解放，追求潮流时尚，如果品牌能够抓住流行趋势，跟随时尚潮流设计多种产品包装，就能够凭借出色的包装设计吸引"Z 世代"的目光，如图 7-1 所示。

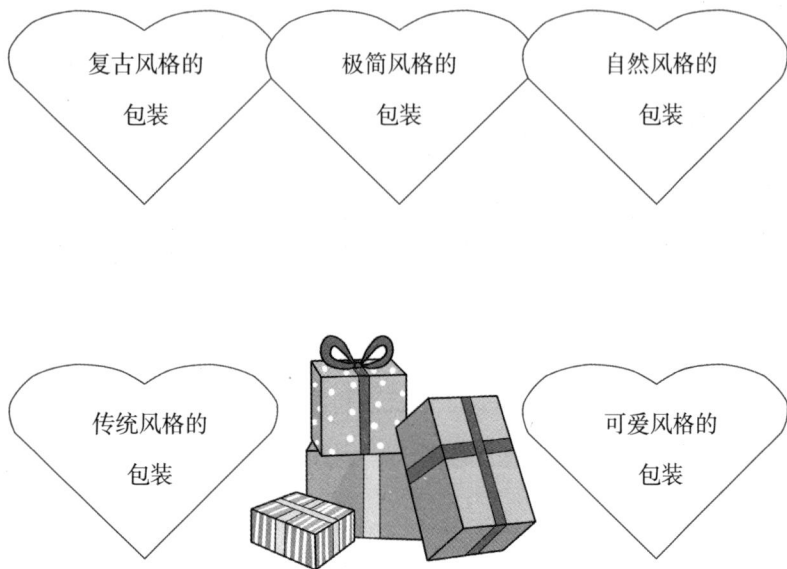

图 7-1　不同风格的包装，可以吸引"Z 世代"的目光

◆ 复古风格的包装

　　复古风包装是将多年前流行的样式融入现代包装设计之中，以全新的风格诠释曾经的时尚潮流。复古风不是简单的模仿，而是通过对潮流时尚的还原，引发人们的共鸣，从而唤醒人们对某一时间段的回忆，达到"怀旧"的目的，并以此吸引"Z 世代"购买产品。

　　2022 年，好利来在品牌成立 30 年时推出了 30 周年限定包装，将包装袋和产品包装盒都设计成了复古风，用绿色、粉色加黄色的配色营造复古氛围感，贴近20世纪90年代的包装风格，袋子上的繁体字增加了包装的年代感，将人们的记忆拉回到90年代。好利来用复古风打造新的包装袋，唤醒了"Z世代"的童年回忆，让他们记起儿时常吃的蛋糕，能够激发他们的购买欲，让他们在童年回忆的驱使下购买产品。

◆ 极简风格的包装

极简风格的包装以简约为美，注重留白。这样的包装风格与"Z世代"提倡极简生活的理念不谋而合。

在极简生活理念的影响下，一些"Z世代"对极简风格的包装也会更加偏爱，认为极简风的包装代表了其简单生活的态度，极简包装也逐渐成了"Z世代"所喜爱的包装风格之一。

很多品牌都采用了极简风格的包装设计。比如，美妆品牌NARS采用纯黑色包装，包装袋上除了品牌的名字之外再无其他装饰，虽然简单，却很有质感。肯德基的包装袋是平滑细腻的牛皮纸，上面印着红色的"KFC"字样，直接、醒目。这些极简风格的包装都很受年轻人的欢迎。

◆ 自然风格的包装

在生活节奏不断加快的现代社会，"Z世代"面临着巨大的现实压力，时常处于高压状态中。在这种情况下，简单清新的包装能够带来视觉上的舒适感，让他们感受到生活的烟火气，减轻压力。

自然风的包装一般通过独特的包装设计和醒目的色彩搭配来吸引"Z世代"的注意力，体现产品包装的时尚感、设计感。

比如，2023年，为了迎合年轻人的口味，吴裕泰推出了"只此青裕"系列袋泡茶，其中包括桂花乌龙茶、玫瑰油切绿茶、茉莉花茶等多种口味，每一个口味的袋泡茶都有不同的包装。

这些袋泡茶的包装盒均以白色为底色，上面画着不同的图案。这些包装盒在风格上保持一致，又各有特点，表现出了不同口味的差异性。桂花乌龙茶的包装盒上是桂花与蜜蜂，玫瑰油切绿茶的包装盒上面是玫瑰与蝴蝶，茉莉花茶的包装盒上是茉莉花与小鸟。这些图案清新自然，表现出了自然的和谐之美。

◆ 传统风格的包装

出生于世纪之交的"Z世代"有着强烈的文化自信，热衷于弘扬中国优秀的传统文化。因此，中国传统风格的包装设计能够轻松吸引"Z世代"的关注。

2022故宫博物院推出的月饼礼盒立足于传统文化，将青龙、朱雀、白虎、玄武四种神兽印在包装盒上，为礼盒增添了浓浓的古风气息和玄幻色彩，体现了故宫深厚的文化底蕴，深受"Z世代"的欢迎。

2022年，茶颜悦色推出了"图个吉利"兔年礼盒，礼盒以红色为底色，礼盒正面是水墨画风格的扇形图案，图上画着财神、禄神等中国古代神明，写着"八方来财"等具有吉祥寓意的字样。总体而言，礼盒的颜色与中国新年的喜庆气氛相符合，使用传统风格的装饰图案，更符合"Z世代"对传统新年的期待。

◆ 可爱风格的包装

"Z世代"作为伴随着动漫文化一起成长的一代，对于卡通动漫人物有着天然的好感。品牌在产品包装中加入卡通或动漫人物，能够让产品显得生动可爱，增强"Z世代"的购买欲。

卡通IP线条小狗因为活泼可爱的形象受到了众多年轻消费者的喜爱。2023年七夕，瑞幸咖啡与线条小狗联名，推出了黑凤梨系列饮品。瑞幸咖啡设计了带有线条小狗的包装袋、杯套和贴纸，包装袋分为粉色和蓝色两种颜色，都十分可爱。这一产品一经推出就受到了众多年轻消费者的欢迎，成为热门产品。

品牌也可以设计简单可爱的手绘插画用作产品包装。手绘插画更能突出产品本身的特性，而且具有强烈的艺术性，更受"Z世代"的青睐。

营销
智慧

如何选择合适的包装设计

不同的品牌、产品适用于不同风格的包装设计，想要选对风格，就要考虑以下因素。

● 品牌定位。有的品牌走高端化路线，对自身的定位是大气、简约、时尚，可以选择极简风格的包装；有的品牌走亲民路线，对自身的定位是活泼、舒适等，可以选择可爱风格的包装。

● 产品性能。产品的包装要考虑到产品的形态、结构、重量、气味等，还要体现产品特色，增强产品的吸引力。

● 目标受众。产品的包装设计要考虑到目标受众的消费兴趣、习惯，根据受众的喜好去选择具体的风格、样式。

7.1.2 以潮流配色打造个性包装

现如今，产品更新迭代的速度不断加快，品牌想要用颜值吸引"Z世代"，可以着眼于包装配色，用潮流配色打造个性鲜明的包装，塑造活力、年轻的品牌形象。

◆ 色彩在包装中的作用

包装的颜色会在很大程度上影响"Z世代"对产品的第一印象，人们在不了解产品信息之前，最先留下印象的往往是包装的颜色。具体而言，色彩在包装中的作用如图7-2所示。

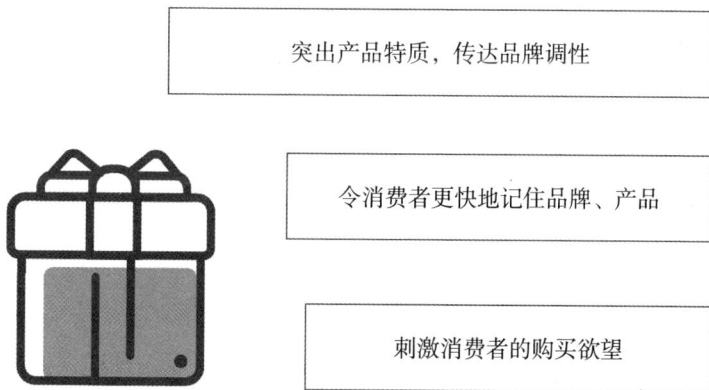

突出产品特质，传达品牌调性

令消费者更快地记住品牌、产品

刺激消费者的购买欲望

图7-2 色彩在包装中的作用

◆ 用大胆、鲜明的配色迎合"Z世代"审美

对于渴望标新立异的"Z世代"而言，鲜艳夺目的包装色彩能够彰显个性。因此，不少品牌在设计产品包装的时候采用大胆鲜艳的配色方案，希望能以此吸引"Z世代"的关注。

比如，烘焙品牌 Butterful&Creamorous 的包装袋十分有特色，整个包装袋以大面积的、高饱和度的绿色为背景，以小面积的黑色作点缀，十分醒目，在"Z世代"中广受欢迎。甚至有很多年轻人为了这一独特的包装袋而专门购买该品牌的产品。

◆ 根据产品特点推出多色系包装

"Z世代"审美多样，对包装颜色的期待各不相同。为了满足不同品位的年轻消费者的需求，很多品牌会结合产品特点推出多色系的包装。

比如，咖啡品牌隅田川为不同口味的咖啡设计了不同颜色的包装盒。经典意式风味咖啡采用了红色包装盒，鲜艳大气；生椰风味咖啡采用了蓝色包装盒，体现了椰汁的清香；榛果风味咖啡采用了棕色包装盒，与榛果棕色的外表相配。隅田川用包装盒的颜色区分不同的产品，将咖啡的口感与颜色联合，达到通感的效果，让人们在看到包装盒时就感受到咖啡的口味。

◆ 参考潮流配色方案，让"Z世代"一见倾心

近几年，奶油色系、糖果色系、多巴胺配色等各种包装配色层出不穷，很受"Z世代"的欢迎。

比如，香氛品牌闻香师手记推出的一款多巴胺配色风格的香氛礼盒包装十分吸睛，这款礼盒主要运用了橙色、粉色、白色、蓝色、黑色等颜色，配色出挑、醒目，又相得益彰，视觉张力极强，在年轻人中间具有较高的热度。

简而言之，品牌可以参考最新的潮流色系，以新鲜、有趣的包装配色吸引"Z世代"的关注，令"Z世代"一见倾心。

7.2

迎合热点，打造个性外观

在这个信息爆炸的时代，各种新闻、话题充斥在"Z世代"的生活中。如果品牌可以结合社会热点、大众喜好进行营销，改变产品外观，就能够借助热点新闻或事件的热度，让产品获得"Z世代"的关注。

7.2.1　洞察热门领域，推出"高颜值"新品

"Z世代"作为长期活跃在互联网上的一代，十分关注社会热点，对当下的热门领域、新颖理念、潮流趋势有很大的热情。品牌如果能够挖掘这些热门领域或理念、趋势的商业价值，顺势营

销，推出与之相关的新品，就很容易赢得"Z世代"的青睐，如图 7-3 所示。

图 7-3　可以挖掘的热门领域

◆ 萌宠经济

在这个追求倍速的时代，养宠物已经成为很多年轻人放松的方式，"Z世代"用宠物治愈自己，放松心情，对于和萌宠相关的产品也会更有好感。

2019年，咖啡品牌星巴克以备受"Z世代"喜欢的猫咪为切入点，推出了"猫爪杯"。"猫爪杯"的杯身为樱花色的，内部有一个猫爪形状的凹嵌，将饮品倒入杯中，就能得到一个实体化的可爱"猫爪"。星巴克的"猫爪杯"一经推出，就获得了众多"Z世代"消费者的喜爱，销量在短时间内迅速上涨。

2023年，双立人结合中国的生肖文化，将兔子元素融入产品之中，推出了全新系列产品。双立人将可爱的兔子图案印在淡粉色的保温杯、刀具等产品中，可爱的图案与清新的颜色相配，让简单的厨具充满生活乐趣。

双立人的这一系列产品，正符合当下年轻人的审美风尚，满足了"Z世代"在简单生活中寻找乐趣的心理追求，吸引了大量年轻消费者购买产品。

◆ 绿色消费

随着绿色经济的崛起，"Z世代"对绿色消费理念的认知度和接受度都有了明显提升，他们中的很多人都提倡低碳生活。在这种情况下，不断有品牌推出契合绿色消费、低碳理念的高颜值新品，让"Z世代"感受到品牌对这一理念的支持，以此获得"Z世代"的认可。

比如，加拿大品牌Utillife推出一款咖啡随行杯，以其极富设计感的杯型、清新的配色等特点深受国内年轻人的喜爱。而且这款随行杯小巧轻便，方便年轻人出差旅行时随身携带，从而降低一次性杯子的使用频率，用实际行动去践行绿色低碳理念。也因这一点，这款随行杯在国内"Z世代"消费群体中引起广泛的讨论度，很多人都将其列入"必入单品"之一。

◆ 她经济

如今，以女性消费者为主要营销目标的她经济持续壮大，成为消费市场上的营销热点之一。她经济强调女性独立、自由等观念，与"Z世代"骨子里的"悦己"观念不谋而合，因而，年轻女性对强调女性个性的品牌和产品十分推崇。

比如，2023年，服饰品牌ZARA与强调女性力量的热门IP芭比合作，推出了一系列服饰新品。整个系列以粉色为主，颜色亮眼，设计别致，一经发售便被年轻消费者抢购一空。

7.2.2　抓住节日热点，打造特别的产品

对于品牌来说，节日是一个不可错失的营销契机。品牌可以借助节日的热度，打造具有节日氛围的高颜值产品，吸引"Z世代"的关注，如图7-4所示。

中秋节

情人节

春节

端午节

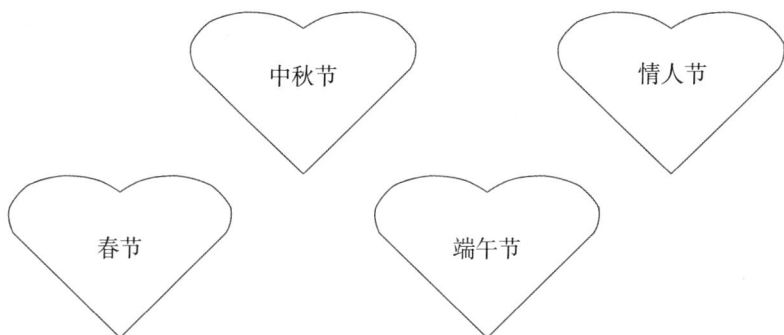

图 7-4　抓住节日热点，吸引"Z 世代"的关注

◆ 春节

随着国风的兴起、民族自信心的增强，近些年来，年轻人越来越热衷于过传统节日，在传统节日期间的消费热情也变得越发高

涨。尤其是在阖家欢乐的春节期间，"Z世代"的消费意愿比往常更强烈。于是春节也成为很多品牌布局"Z世代"消费市场、开启全年营销新起点的最佳时机之一。

比如，2023年新年之际，茶具品牌泊喜联合故宫宫廷文化推出一系列茶叶罐新品，这一系列的茶叶罐造型独特，采用了不少春节元素，其中一款茶叶罐通体为喜庆的红色，罐身上的袱系纹形似中国结，不但受到中老年消费群体的青睐，在"Z世代"圈层也引发一波较大的热度，一些年轻人自发地在社交媒体上分享这一系列的茶叶罐。

◆ 中秋节

中秋节在中国人心中是极为重要的传统节日，人们会在这天赠送礼物，表达情意。对于追求新鲜感的"Z世代"而言，高颜值的礼品显然更符合赠礼的要求。

食品品牌佳宁娜在中秋节来临之际推出"花容月猫"中秋月饼，该款月饼的外形采用了云南非遗瓦猫为设计元素，萌趣、可爱，十分符合年轻人的审美。星巴克在某年中秋节时推出具有超高颜值的玉兔杯，一经上线便引发年轻人的抢购热潮。

◆ 端午节

每逢端午节时，大小品牌的营销战役也会轰轰烈烈地打响。很多品牌会在端午节时推出高颜值产品吸引"Z世代"关注，提升品牌知名度，增强"Z世代"消费群体的消费黏性。

比如，每到端午节，星巴克旗下的粽类产品星冰粽便在年轻消费者的翘首以盼中如期上市。星冰粽由透明的冰皮和各种口味的馅料制成，外表晶莹剔透，十分美观，很受年轻群体的欢迎。

◆ 情人节

每年的情人节也是品牌营销的最佳时期之一。比如，各大饮品品牌总会在情人节时推出高颜值的饮品，引发"Z世代"的热捧。

比如，奈雪的茶曾在情人节时推出"荔枝玫瑰水牛乳奶茶""荔枝玫瑰水牛乳雪顶奶茶"等新品，这些奶茶大多采用荔枝玫瑰红茶作为茶底，加上水牛乳，整体呈现出粉红的梦幻色彩，顶部是云朵般轻柔可爱的"雪顶"，如此高的颜值令"Z世代"爱不释手，一见倾心。

营销案例

完美日记动物眼影

完美日记是一家国产化妆品品牌，以"Z世代"为主要目标市场，其产品涵盖了眼影、口红、粉底液等彩妆品类。

动物眼影是其产品线中的重要一环，通过与动物主题的联名营销，吸引"Z世代"的关注。

完美日记采用了萌宠营销策略，将一些受欢迎的动物形象元素融入产品设计中，如猫咪、狗狗、兔子等，增加了产品的趣味性和可爱度。之后，通过社交媒体的宣传推广，让"Z世代"更喜欢完美日记这个品牌。

7.3

挖掘文化内涵，让美更有深度

虽然高颜值能赋予品牌、产品极高的关注度，但想要持续吸引"Z世代"的目光，还需要深入挖掘品牌颜值背后的文化内涵，让美更有深度。这样做，才能让品牌走得更稳、更远。

7.3.1　注重品牌形象设计，让美更有深度

营销者可通过品牌色、品牌标志等视觉形象去展现品牌的文化内涵，令品牌走上颜值与内涵并重之路，赢取"Z世代"的青睐。

◆ 品牌色

品牌色即品牌的专属颜色，在品牌形象设计中，选择合适的品牌色至关重要。品牌色的重要性如图 7-5 所示。

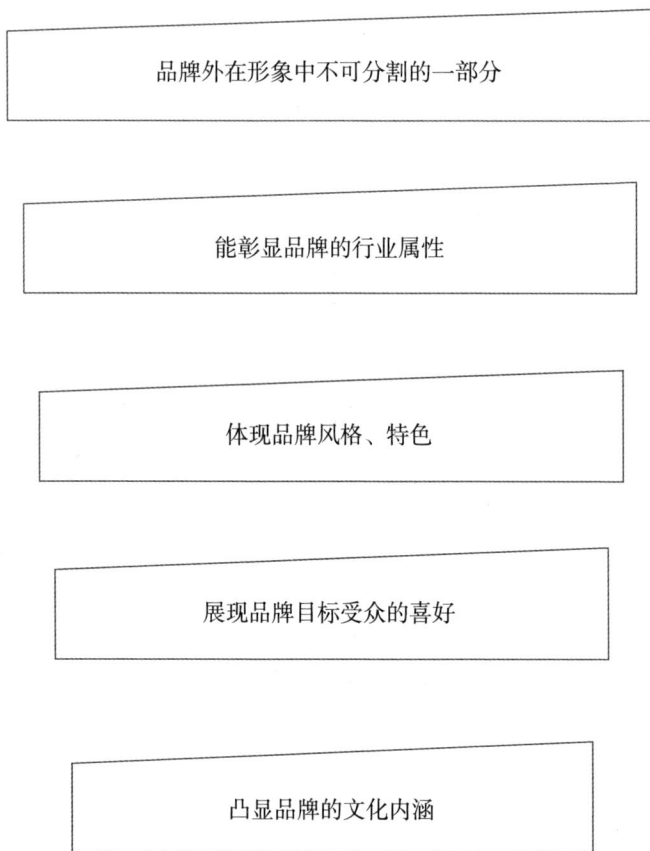

品牌外在形象中不可分割的一部分

能彰显品牌的行业属性

体现品牌风格、特色

展现品牌目标受众的喜好

凸显品牌的文化内涵

图 7-5　品牌色的重要性

很多品牌都以醒目的品牌色来彰显品牌魅力，使得"Z世代"在接触产品的同时，也能感受到品牌的价值观和特色。

比如，国产护肤品牌东边野兽以红色为品牌专属色，其旗下的产品用色以红色为主，鲜艳明亮，能够吸引消费者的注意力。而且，红色是中国传统色之一，最能代表中国。在中国传统文化中，红色给人以吉祥、喜庆、热情的感受，具有向上的力量。

东边野兽的品牌色也给"Z世代"消费群体留下了深刻的印象，甚至成为很多年轻人心目中的"中国红"。

◆ 品牌标志

品牌标志同样能帮助打造品牌形象，带给品牌更多的附加价值。独特的品牌标志设计不仅能给品牌颜值加分，亦能传递品牌核心价值，帮助品牌从"Z世代"消费市场竞争中脱颖而出。

苹果公司是全球最成功的科技公司之一，其品牌标志是其成功的关键之一。苹果的标志是一个被咬了一口的苹果，其设计灵感来源于古希腊神话故事，神话中的亚当夏娃正是吃了苹果才拥有了智慧与勇气。苹果公司通过被咬了一口的苹果这一独特的品牌标志来传达其开拓进取、追求创新的品牌理念和文化内涵，给年轻消费者留下了深刻的印象。多年来，这一品牌始终受到年轻消费者的热捧。

7.3.2 后颜值时代，品牌如何突出重围

对于注重多元文化的"Z世代"而言，高颜值并不只意味着美丽、精致的外表，还包括外表下的文化理念、精神内涵。

正因如此，当前的"Z世代"可能会因为产品的高颜值产生消费冲动，却不一定仅为了颜值买单。可见，当前的消费市场正逐渐进入后颜值时代，"颜值即正义"的理念逐渐被年轻人摒弃。

在后颜值时代，品牌想要突出重围，就有必要走上一条"颜值+"的新道路，努力提升品牌的附加价值。具体可参考以下建议，如图7-6所示。

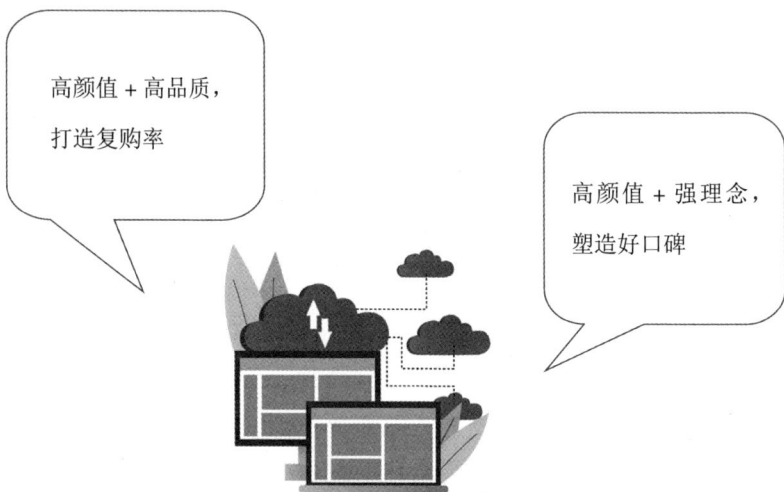

高颜值 + 高品质，
打造复购率

高颜值 + 强理念，
塑造好口碑

图 7-6 后颜值时代，品牌须走上"颜值+"道路

◆ 高颜值 + 高品质，打造复购率

近年来，虽然有一些网红产品凭借其独特的外形获得年轻消费者的喜爱，但这些产品的热度却无法维持，往往红火一阵后便被消费者抛到脑后。这是因为这些产品单纯凭借颜值出圈，却没有过硬的品质去维系口碑。

对于品牌而言，想要提高产品的复购率，使产品持续圈粉，就要同时注重产品的颜值与品质。比如，国产插座品牌公牛旗下的一款可移动轨道插座凭借其简约、时尚的外形受到"Z世代"消费者的热捧，而在后续使用过程中，这款插座再次凭借其过硬的品质受到"Z世代"的盛赞，销量一再飙升。

◆ 高颜值 + 强理念，塑造好口碑

对于品牌而言，在高颜值的加持下，同时打好"理念牌"、传递品牌的精神内核是俘获"Z世代"欢心的有效途径之一。比如，可口可乐多年来一直注重产品的外形设计，运用各种绚丽的视觉元素带给年轻消费者以独特的审美趣味，然而，无论外形如何改变，可口可乐始终坚持对"积极向上、拥抱美好"这一核心价值观的传递，对于今天的"Z世代"消费者而言，可口可乐依旧是"年轻、活力、畅快"的代名词。也正因为如此，可口可乐始终是年轻人最喜欢的饮品品牌之一，在数字化时代依旧持续不断地发散着魅力。

7.4

差异化设计，满足"Z世代"的多样审美需求

差异化设计可以满足"Z世代"的个性化需求，并帮助他们获得更好的产品体验，展示其个性和风格。因此，品牌方可以通过差异化设计来营造独特性，吸引"Z世代"的目光。

7.4.1 产品差异化设计的优势

产品的差异化设计，指的是产品通过与竞争对手截然不同的设计风格、卖点在消费市场中占据一席之地，在目标受众心中保持特

殊地位。产品的差异化设计具有如下优势，如图 7-7 所示。

减少同质化产品，避免 "Z 世代"
审美疲劳

避开与竞争对手正面竞争，提升产
品稀缺性

满足 "Z 世代" 的个性需求，塑造
品牌竞争力

图 7-7 产品差异化设计的优势

7.4.2 如何打造差异化，满足 "Z 世代" 多元审美

优秀的差异化设计往往能令人耳目一新，成功激发 "Z 世代"
的消费热情。那么，如何去打造差异化，才能实现满足 "Z 世代"
的多元审美需求、加强 "Z 世代" 消费者对品牌认知度和忠诚度的
营销目标呢？可参考以下建议。

◆ 进行市场调研，分析受众需求

产品在进行差异化设计前，首先要进行市场调研，掌握市场趋势，了解竞争对手的品牌定位、竞品的设计特色、销售情况及"Z世代"消费者的消费习惯与需求，搜集、整理、分析相关数据，并在此基础上制定差异化设计方案，明确重点与方向。

◆ 从感官设计入手，打造差异化体验

追逐个性、潮流的"Z世代"消费群体往往热衷于寻求差异化体验。在制定品牌、产品的设计方案时，若能从视觉、嗅觉、触觉等方面的设计入手，力求带给"Z世代"不同的消费体验，便很容易打造品牌、产品的差异化优势，彰显品牌、产品的独特魅力，如图7-8所示。

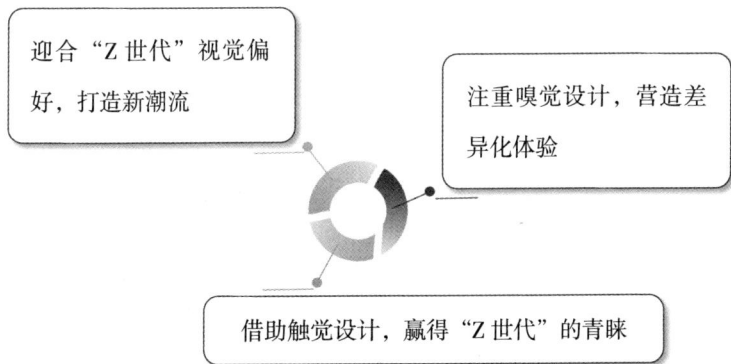

迎合"Z世代"视觉偏好，打造新潮流

注重嗅觉设计，营造差异化体验

借助触觉设计，赢得"Z世代"的青睐

图7-8　从感官设计入手，打造差异化体验

（1）迎合"Z世代"视觉偏好，打造新潮流

"Z世代"成长于数字时代，他们有着独特的视觉偏好，将"Z世代"喜欢的视觉元素融入产品外观设计中，既能体现差异化，又能获得"Z世代"的好感，开启新的潮流方向。比如，国潮品牌TIKUU旗下的御茗杯外表独特，其使用的特殊工艺赋予杯身无比耀眼、丰富的色彩，恰恰符合了那些偏好强烈视觉冲击力的年轻消费者的需求，因此这款杯子在短时间内好评度飙升。

如今，很多年轻人偏好一些丑萌、搞怪的视觉元素，于是丑萌风产品一度在"Z世代"中十分流行。一些品牌利用"Z世代"的这一视觉偏好，推出外表逗趣、能够传达幽默生活态度的产品，引起一波波消费热潮。比如，玩具品牌趣巢曾推出一系列香肠嘴娃娃玩具，以其丑萌丑萌的个性化外表瞬间吸引了一大批年轻消费者的关注。

（2）注重嗅觉设计，营造差异化体验

不同的气味能带给"Z世代"不同的消费体验，因此"嗅觉经济""气味营销"等概念在"Z世代"中的认知度也较高。想要打造别具魅力的产品，不妨将产品的外观设计与嗅觉设计结合起来，带给"Z世代"耳目一新的体验。比如，瑞幸酱香拿铁以其简洁大方的包装设计和浓郁、独特的"酱香味"在"Z世代"群体中引起了轰动，短时间内创下一波销售奇迹。

对于本身以气味为卖点的品牌而言，更要注重产品的嗅觉设计，力求满足"Z世代"的多元审美。比如，香水品牌气味图书馆采用真空提炼技术，力求研制出最还原本真的香味。发展至今，气味图书馆已经收录了百余种香味，如泥土的味道、白开水的味道、巧克力的味道等，深受年轻消费者的欢迎。

（3）借助触觉设计，赢得"Z世代"的青睐

产品的触觉设计往往通过产品本身或包装的造型、材质等实现。

"Z世代"消费者能够通过产品的触觉设计产生对品牌、产品的最直接的印象，甚至直接与品牌、产品进行"对话"，获得某种心理满足感。因此，品牌要格外注重产品的触觉设计，使得"Z世代"消费群体在消费过程中获得除视觉、嗅觉之外的全新的体验。

比如，很多年轻消费者注意到，农夫山泉的经典款瓶身的上半部分设计了一些线条肌理，使得右手握住瓶身时会产生独特的触感，另外这种设计也增加了摩擦力，令消费者在右手掌心湿润的情况下也能牢牢握住瓶身，那么左手扭开瓶盖时就能省力很多。

星巴克推出的星悦月饼礼盒和星奕月饼礼盒采用了别具一格的丝绒质感包装，当消费者手持礼盒时，那种温润丝滑的感觉不由得令人一触倾心，而这两款礼盒也刷爆了"Z世代"的朋友圈。

7.4.3 持续优化，不断调整设计方案

想要巩固乃至增强品牌、产品的差异化设计优势，就要实时监控各类营销数据，并密切关注市场流行趋势及"Z世代"群体消费需求、习惯、喜好的变化情况，在此基础上不断创新，持续优化、不断调整设计方案，这样做才能保证品牌、产品始终保持竞争优势。

营销
智慧

差异化包装

差异化包装是指在包装设计上与相似产品的包装有所区别，用包装凸显出产品独一无二的特点。

● 颜色：品牌可以采用鲜艳的色彩设计包装，采用撞色混搭、渐变等多样的色彩搭配方法，让产品包装具有强烈的视觉冲击力。

● 形状：独特的包装造型能够给"Z世代"留下深刻印象，比如，普通礼盒多为规整的方形、圆形，如果品牌使用不规整的形状，或者用兔子、猫咪等卡通形象的包装，更能吸引年轻人的注意。

● 材质：产品包装的材质多种多样，常见的有塑料包装、纸质包装、金属包装等，品牌要结合产品特点，选择能够凸显产品风格的包装材质，还可以采用多种材质混搭的方法，体现包装设计的创意风格。

第8章

文化营销：满足"Z世代"的精神需求

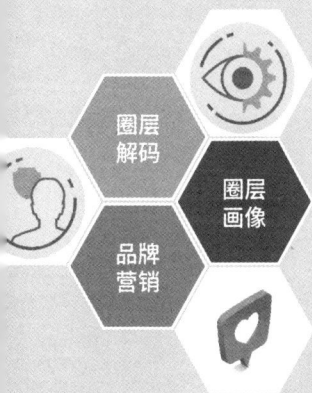

圈层解码

圈层画像

品牌营销

圈层渗透

文化营销

线上营销

线下营销

颜值营销

文化营销是指将品牌营销与多元文化相结合，借助文化创意来提升品牌、产品的附加价值的一种营销方式。文化营销关键在于赋予产品文化内涵，让产品具备独特卖点，用文化的力量扩大品牌、产品的影响力，使品牌、产品拥有更多的"Z世代"粉丝。

国风国潮，彰显传统文化的魅力

近年来，国风国潮受到了"Z世代"消费群体的喜爱与追捧，为了赢得年轻消费群体的青睐，越来越多的品牌借助国潮营销去优化品牌形象，让品牌更具有吸引力和文化内涵。

8.1.1　国风国潮的营销优势

在传统文化复兴的当下，很多品牌借助国风国潮走出了一条独特的道路，在年轻一代消费群体中获得了较高的好感度和知名度。

　　知名品牌如回力、李宁、华为等都曾尝试过国潮营销。比如，运动鞋品牌回力在发展遭遇困境时选择拥抱国潮，并依靠国潮营销"圈粉"了大批年轻消费者，成功扭转逆势，成为"Z世代"心目中的国货之光。

　　现在，很多品牌都从传统文化艺术中提取合适的元素融入产品设计中，赋予品牌、产品以传统文化的魅力，令品牌形象焕然一新。这既增加了品牌和产品价值，又能唤起"Z世代"的情怀，从而促进销售。如图8-1、图8-2所示。

图8-1　国风糕点能引发"Z世代"的兴趣

图 8-2　国潮美妆产品能引发"Z 世代"的情怀

简单而言, 国风国潮的营销优势如图 8-3 所示。

帮助年轻消费者理解品牌的核心理念

重塑品牌形象, 增加品牌的辨识度

增加品牌、产品的情感价值, 引发销售热潮

图 8-3　国风国潮的营销优势

当然，对于品牌方来说，要想成功地进行国潮营销，需要深入了解目标受众的需求和文化背景，注重产品的设计和品质，以及运用社交媒体等新媒体来扩大品牌的影响力和受众范围。

8.1.2　适合"Z世代"的国潮营销玩法

国潮风尚能够体现"Z世代"对于传统文化的认同，是青年群体彰显个性、传递文化主张的重要体现。因此，"Z世代"对国风国潮有着强烈的好感。品牌则可以利用"Z世代"对传统文化的认同心理，进行国潮营销，吸引广大年轻消费者的关注，提高产品销量。

◆ 弘扬传统文化，做国货之光

年轻消费者对国产品牌有着强烈的文化认同。他们认为国货是中国制造，与祖国息息相关，购买国货可以表达爱国情感。一些国产品牌在市场上已经建立了良好的口碑和品牌影响力，年轻消费者对这些品牌有着较高的信任度，认为购买这些品牌的产品可以带来更好的使用体验。

近年来，李宁在国潮营销方面取得了显著的成功。李宁的悟道系列将中国传统文化元素与现代球鞋设计相结合，展现出一种新的时尚潮流，受到了年轻消费者的广泛好评。该系列包括运动鞋、服装、配饰等，旨在让人们重新审视传统文化，并将其与现代潮流相结合，创造出独特的时尚风格。李宁的这一做法获得了青年群体的认可，很多年轻消费者纷纷开始购买李宁的产品，支持国货。

茶文化是中华民族传统文化的重要组成部分，作为世界上最大的茶叶生产国，中国有众多历史悠久且具有深厚文化底蕴的老字号品牌，吴裕泰就是其中的代表。

在"Z世代"逐渐成为消费主力军的当下，吴裕泰依然能够保持一定的品牌影响力，就在于其能够迎合年轻人的消费需求，洞察年轻人的消费喜好。

比如，吴裕泰根据年轻人的口味，开发了抹茶、茉莉花茶口味的冰淇淋。这些冰淇淋面世后成为吸引"Z世代"的热门产品，销量与日俱增。

国产品牌具有本土优势，深受年轻人的喜欢。因此，国产品牌应该深耕中国市场，挖掘传统文化，将传统文化与产品研发相结合，设计出让"Z世代"喜欢的产品。

◆ 品牌的非遗传承，传统与现代的结合

中国的非遗文化是一种历史悠久、富有民族特色的文化遗产，其涵盖了中国传统文化、历史、艺术、民俗、技艺等方面的内容。近年来，随着中国对非遗保护和传承的重视，许多中国品牌开始关注并参与到非遗文化的传承中来。

广州刺绣是中国四大名绣之一，具有上千年的历史，2006 年被列入国家级非物质文化遗产名录。2023 年，广州茶饮品牌茶理宜世与广绣传承人携手，以"荔枝春里玲珑生"为主题，为其系列产品"玲珑"设计出了全新的包装，备受"Z 世代"的喜爱。

上海徐行是中国著名的草编之乡，其草编工艺早在 2008 年就入选了国家级非物质文化遗产名录。彝绣是云南彝族的刺绣，也是中国的非物质文化遗产。

2023 年端午节期间，野兽派与徐行草编和彝绣这两项非遗工艺进行合作共创，推出了以艾草和龙蒿为主调的香氛和香囊。野兽派与非遗工艺携手，创作出了受年轻人喜欢的产品，既扩大了产品的销量，也增加了品牌的文化内涵。

◆ 国潮活动，必不可少的营销

品牌可以通过参与各种国潮活动的方式吸引年轻消费者的关注，以增加品牌曝光度，扩大品牌影响力。比如，在一些国潮主题的时装秀和展览上，品牌可以通过展示自己的国潮系列产品吸引"Z 世代"的关注。

近几年，各地的国潮活动层出不穷，如西安的"大唐不夜城"，苏州的海市山塘国风商业街，广东佛山的国潮音乐节等，品牌可以挑选符合品牌形象或产品定位的国潮活动参与其中，以此吸引年轻消费者的注意。如图 8-4 所示。

另外，品牌也可以通过举办国风活动的方式推广产品。比如，国风品牌三寸盛京曾举办"无相之宴国风秀"，推广其"无相之宴"系列新产品，吸引了众多国风爱好者的注意，提升了品牌的知名度。

图 8-4　西安大唐不夜城

国潮已经成为品牌营销的一个重要趋势，这些国潮活动也促进了中国传统文化的传承和推广，让更多的人了解和喜爱中国的传统文化。

◆ 文创产品，提升品牌价值

近年来随着经济的发展与传统文化的弘扬，众多品牌走上了文化创意之路，被赋予深刻文化内涵的文创产品得到了许多年轻消费者的青睐，"文创"成为热潮。

比如，故宫文创以故宫的文物为载体，借助故宫的巨大影响力，通过开发具有故宫特色的文化创意产品，如千里江山图冰箱贴、故宫雪马克杯等，向大众传达中国传统文化和美学观念，推动国潮文化的发展。原本束之高阁的文物走进人们的生活之中，故宫这样鲜活的文创活动受到了广大年轻消费者的欢迎。

除了博物馆的文创开发，品牌也可以通过与博物馆或传统文化IP的联名来开发新产品。彩妆品牌橘朵与敦煌博物馆联名，将敦煌的绚丽色彩与彩妆产品融合，推出了有敦煌限定色的眼影盘、腮红等产品，将东方美学贯穿到产品之中，表现出了传统色彩的瑰丽与浪漫。

营销案例

利用国潮营销扩大品牌知名度

某国产美妆品牌深耕国风美学，先后推出了苗族印象、傣族印象等系列产品，以极具东方美感和民族风格的产品吸引了大批年轻消费者的注意。尤其值得一提的是，该品牌运用传统微雕技艺制作的微雕口红一度成为爆款产品。

该品牌在其产品包装中加入了杜鹃、凤凰等具有传统意蕴的图案，着重凸显传统美感，清新雅致。在此基础上，该品牌在营销时着重强调东方美学，以传统美感吸引年轻人的目光。

在营销活动中，该品牌深入古风圈，与三泽梦、盖娅传说等品牌进行联名，让对传统文化感兴趣的"Z世代"成为其潜在消费者，扩大品牌知名度。

本土文化，用地域特色打造专属符号

本土文化是指一个地区或民族所特有的文化传统，这些文化元素在市场营销中可以发挥重要作用。利用本土文化、地域特色进行品牌推广、营销，不仅有助于建立品牌的独特性，还有助于在全球范围内传达品牌故事和价值观。

8.2.1　利用地域文化进行品牌营销的优势

地域文化营销是将当地的文化、历史和传统融入品牌营销活动，如利用当地的民风民俗、传统食物和节日等元素来展示品牌个性。地域即卖点，建立品牌与当地文化之间的联系，利用地域文化推广品牌，能令品牌、产品更具文化魅力。

比如，成都锦里是成都著名的商业街之一，其营销策略就是利用当地的文化，将川剧变脸、熊猫、麻辣美食等元素融入街头，让消费者在逛街的时候感受到成都的特色文化，如图 8-5 所示。

图 8-5　成都锦里古戏台

喜茶很早就开始进行地域营销布局。这几年，喜茶在不同的城市创建一系列新店，并结合地域特色推出不同的产品，如在长沙推出"小钵子波波甜酒"，在广州推出"姜撞奶烧麦"，等等，都深受当地年轻人的欢迎, 这也令喜茶的口碑水涨船高。

总而言之, 年轻消费者对特色文化的关注不断增加, 地域文化营销将成为品牌营销的重要组成部分。此外, 随着数字科技的发展, 地域文化营销也将变得更加精细化。品牌可以利用大数据和人工智能技术来更好地掌握"Z世代"的需求和偏好, 从而制定更有针对性的策略。利用地域文化进行品牌营销的优势如图8-6所示。

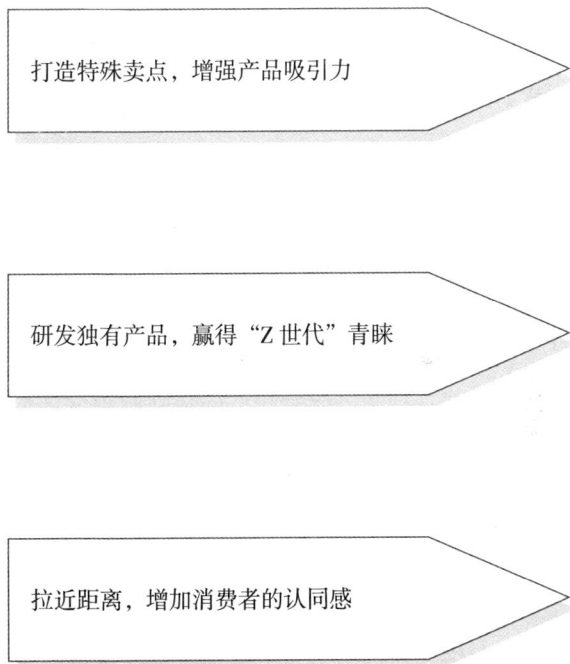

打造特殊卖点, 增强产品吸引力

研发独有产品, 赢得"Z世代"青睐

拉近距离, 增加消费者的认同感

图8-6 利用地域文化进行品牌营销的优势

8.2.2　品牌利用地域文化营销的方法

地域文化可以成为品牌营销的重要资产。利用地域文化元素，品牌可以建立与当地消费者的情感联系，并提高品牌知名度。

◆ 借助地方特色，表现品牌特点

品牌借助地方特色进行营销主要指的是利用地域文化、自然环境等特色资源来吸引"Z世代"的关注。

茶百道创立于四川成都，其品牌标志是一只在喝奶茶的熊猫。这只熊猫名为"丁丁猫"，是茶百道创造的IP形象。茶百道充分利用四川最具代表性的动物熊猫，将地方特色与品牌文化相结合，创造出了独具特色的品牌形象。热爱大熊猫的"Z世代"在看到这一品牌标志时，也不由得对茶百道这一品牌产生几分亲切与好感。

杭州品牌知味观是杭州的老字号，知味观在发展过程中立足于当地特色，创造出了众多具有杭州特色的食品。比如，龙井茶酥是其糕点中的代表，知味观将杭州的特产龙井茶混入糕点中进行制作，创作出了独具地方特色的龙井茶酥，这对于热爱地方文化的"Z世代"而言较具吸引力。

总之，随着年轻人对地方特色的关注逐渐提高，品牌如果深耕地域文化，挖掘地方特色，打造独特的产品，不仅能够获得本地消费者的喜欢，还能让产品具有独特的地域文化，受到"Z世代"的喜爱。

◆ 结合民俗文化，展现品牌风格

品牌在营销过程中可以结合当地的民风民俗，用独特的民俗文化来吸引年轻消费者的注意，提高品牌的知名度。

云南部分地区有在屋顶上安置"瓦猫"的习俗。"瓦猫"有镇宅的功能，是祥瑞之兽。云南的茶饮品牌霸王茶姬将"瓦猫"融入产品创新之中，在线上发起了设计比赛，邀请人们参与饮品包装的设计活动，并给予获胜者一定的奖励。霸王茶姬发起的活动吸引了大量年轻消费者的关注，他们纷纷参与其中，并在社交平台上晒出自己的作品。

霸王茶姬利用云南的特有习俗，将自己与其他饮品品牌区别开来。通过这次活动，许多人记住了霸王茶姬这个来自云南的品牌。由此可见，民风民俗可以成为品牌特色的一部分，品牌利用民风民俗进行营销，能够创造独具特色的品牌印象。

◆ 展现地方历史，彰显品牌底蕴

在营销过程中，品牌可利用地方历史，如当地某个知名的历史人物、历史事件等来吸引消费者的兴趣和好奇心。

三星堆博物馆以三星堆文化遗址为基础，全面展示三星堆遗址出土的陶器、玉器、青铜器等文物。为了吸引年轻消费者，三星堆博物馆立足三星堆文化，推出了许多文创产品，如以"青铜神树"为设计原型的挂画、以"金箔面具"为设计原型的冰箱贴、以"纵目铜人"为设计原型的挂饰等。这些文创产品既有三星堆的特色，又有现代产品的实用性，在"Z世代"中十分受欢迎。

由此可见，利用地方历史进行营销可以吸引更多的年轻消费者关注品牌和产品，同时也可以促进当地历史文化的传承和发展。

营销智慧

品牌如何借助地域文化开展营销

品牌想要做好文化营销，除了要依托传统文化，还要学会利用地域文化，在品牌营销过程中挖掘本土文化特色，形成独具特色的品牌风格。

● 品牌需要了解目标市场的文化、历史、地理等基本信息，以便更好地定位产品和服务。

● 品牌需要深入了解当地的特色资源，寻找与产品或服务相关的特色元素，例如当地美食、手工艺品、民俗活动等，将其融入产品设计中。

● 品牌可将地方特色与产品或服务相结合，设计出独特的营销活动和内容，例如独特的包装设计、广告语、宣传片等。品牌还可以组织体验式活动，如举办当地美食节、手工艺品展览等，让"Z世代"消费者亲身体验当地的文化和特色产品。

8.3

衍生文化，将热度延伸至现实

作为品牌文化营销的一种形式，衍生文化营销旨在通过创造、开发和推广与"原始文化"相关的衍生品的方式来吸引消费者，从而实现提升品牌影响力和产品销量的目的。

8.3.1 什么是衍生文化

衍生文化指的是围绕"原始文化"所形成的周边文化，实施衍生文化营销的核心在于创造独特的文化体验，开发独特的衍生品，在此基础上进行营销推广。

品牌进行衍生文化营销的好处如图 8-7 所示。

迎合热点，与"Z世代"对话

延伸产品线，带给"Z世代"更多选择

为品牌注入活力，令"Z世代"耳目一新

完善品牌文化，加强"Z世代"的情感认同

图 8-7　品牌进行衍生文化营销的好处

　　总之，借助衍生文化营销可以帮助品牌突破行业壁垒，创造新的发展机遇，增强品牌影响力。

8.3.2 利用衍生品，获取"Z世代"的青睐

◆ 小说创作衍生品

针对小说的衍生文化营销可以吸引小说粉丝和潜在消费者，并增加品牌的曝光率。品牌与热门小说IP合作，开展营销活动，往往能够在热爱小说的"Z世代"消费群体中引发超高的讨论度。

比如，vivo旗下子品牌iQOO与某系列高人气网络小说合作推出两款联名限定礼盒，带给双方的受众以满满的惊喜。这两款礼盒上线后，便受到"Z世代"消费群体的热捧，创下不错的销售纪录。

◆ 二次元创作衍生品

与真人影视剧不同，二次元创作的都是虚拟人物。品牌与知名的二次元作品展开跨次元联动，往往能获得"Z世代"的支持。

（1）动漫衍生品

动漫衍生品指的是挖掘大热动漫作品中的相关元素，开发、设计出的一系列周边产品和服务。

创作动漫衍生品既是动漫产业发展的重要部分，也是品牌实现文化营销、提高品牌影响力和产品销量的重要方式。

常见的动漫衍生商品主要有以下几种类型，如图8-8所示。

潮玩类：手办、盲盒、盒
蛋、可动人偶、立体拼图等

服饰箱包类：cosplay 服饰、
汉服、帆布包、行李箱等

文具类：文具盒、自动铅
笔、橡皮、书签等

饰品类：发卡、耳饰、吊
坠等

日用品类：抱枕、浴巾、水
杯、肥皂盒、冰箱贴等

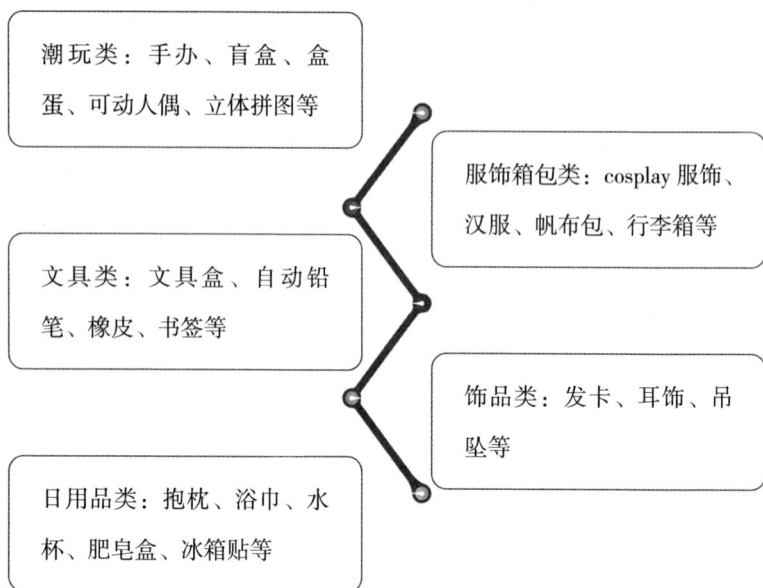

图 8-8　五类常见的动漫衍生商品

　　品牌与动漫公司合作，挖掘合适的衍生元素，开发不同类型的衍生品，能够丰富产品线、扩大市场空间、吸引更多"Z 世代"的关注。比如，2023 年，DQ 冰淇淋与《名侦探柯南》联名推出了以《名侦探柯南》为主题的冰淇淋。除了冰淇淋之外，DQ 冰淇淋还准备了抱枕、冰箱贴等周边，很多粉丝为了获得周边产品，大量购买冰淇淋。为了给粉丝更好的购物体验，DQ 冰淇淋还特别装饰了线下门店，在店中加入动漫人物立牌，方便粉丝拍照。

　　2023 年上映的一部国产动漫电影以新颖的题材、瑰丽的特效场景吸引了许多年轻人前去观影。电影上映后不久，泡泡玛特就与其进行联名合作，推出了以该电影为主题的限定盲盒，很多看完电影后依旧对其念念不忘的"Z世代"消费者纷纷购买盲盒留作纪念。

（2）游戏衍生品

游戏衍生品指的是围绕传统游戏、电竞游戏、小众游戏等开发的各类周边产品或服务，同样包括服饰、潮玩、音乐等。

"Z世代"受到游戏的影响前去购买产品，并不是单纯希望获得产品，更多的是希望获得游戏相关周边，可以留作纪念。所以，品牌在联名时准备相关周边产品，会极大地提高"Z世代"对品牌的好感度。品牌的贴心服务会让因为游戏前来消费的"Z世代"成为品牌的潜在消费者，品牌的口碑也会因此而提升。

比如，必胜客曾与诸多受年轻人喜欢的游戏作品进行联名，推出联动套餐。来购买套餐的年轻消费者还可以获得游戏周边，如明信片、贴纸、笔记本等。这些营销活动都取得了不错的效果。

◆ 影视创作衍生品

随着我国文化市场的繁荣，年轻人在文化产品中的消费比重越来越大，影视衍生品消费需求不断增多。

北京环球影城度假区是一家以影视为主题的乐园，包括《哈利·波特》《功夫熊猫》等诸多影视IP，其中最受年轻人欢迎的便是"哈利·波特的魔法世界"。"哈利·波特的魔法世界"是以《哈利·波特》系列电影为主题的园区，其中有许多电影相关的场景，如霍格沃兹、对角巷等，园区中还会售卖巫师袍、魔杖等电影周边产品。

环球影城通过对电影场景的还原，让年轻一代消费者获得沉浸式体验效果，因此在年轻一代消费群体中口碑极高。

另外，随着中国影视的发展，中国的许多高质量影视作品也能够获得大量年轻观众的追捧。品牌与国产影视IP合作开展营销活动，往往也能在"Z世代"消费群体中掀起一波波消费浪潮。

比如，喜茶曾与某经典国产电影合作推出联名主题杯套杯贴、人物立牌、徽章、便签本等一系列周边产品，带给"Z世代"全新的观感，吸引了更多"Z世代"消费者的关注。

某部国产电视剧凭借真实动人的情节和生动的人物塑造收获了许多"Z世代"粉丝。在这部国产电视剧热播期间，很多品牌都选择与其进行联名合作，扩大品牌知名度。

比如，冰淇淋品牌可米酷与这部国产电视剧联名推出了红砖冰淇淋。这款冰淇淋被制成了独特的形状，表面还印有与剧中元素息息相关的文案，喜爱这部电视剧的年轻消费者纷纷前来购买产品，并拍照晒出冰淇淋，以表达自己对可米酷及这部电视剧的支持。

营销智慧

品牌实行衍生品营销的注意事项

品牌借力各类衍生文化、衍生品，能够增强品牌魅力，提高"Z世代"消费者的黏性。想要做好衍生品营销，需要注意以下几点。

● 选准合作方向。品牌想要利用衍生品打开销量，首先要选准合作方向，具体需要考虑自身的品牌定位、产品性能、目标人群、IP 资源等，根据这些因素去选定方向。

● 设计新颖。品牌所开发的各类衍生品在设计方面要有足够的创意和差异化的市场定位，否则很容易被千篇一律的衍生商品所淹没，只有新颖的设计，才能让"Z世代"消费者眼前一亮。

● 监督生产制造的流程。在衍生品生产制造过程中，品牌首先要做好精细化成本控制，在提升生产效率的同时做好品质管控。

● 扩大销售渠道，加强宣传。品牌要打通各类衍生品的线上线下销售渠道，同时加大宣传范围和力度，以提高衍生品的销量。

8.4

创意文化，用新鲜感开辟道路

创意营销是一种以创意为手段来达到营销目的的方法。利用"Z世代"追求趣味性的心理，以新奇、古怪、有趣的手法，打造新颖、独特、别致的营销方案。品牌的常规营销方式往往不能吸引"Z世代"的注意，一些标新立异、剑走偏锋的创意营销反而能够让年轻人乐此不疲。

8.4.1 创意文案

创意文案是一种通过生动、有趣、新颖的文字来吸引目标受众的营销方法。在如今竞争激烈的市场环境中，品牌的创意文案不仅需要打动人心，还需要与"Z世代"产生共鸣。

当各种品牌在双十一"内卷"，采取多种方式吸引消费者购买商品的时候，卫龙推出了这样一组文案，"下单就是缘""今天这班就上到这里了"，卫龙用文案传达出的"佛系"态度反而吸引了许多"Z世代"的关注，引得他们纷纷下单购买商品。

卫龙的文案之所以能够从一众文案中脱颖而出，就在于其出其不意的态度，在众多努力宣传的品牌中，以"摆烂"的营销态度出圈，迎合了"Z世代"反套路的心理。

很多时候，能够给消费者留下深刻印象的文案，往往都建立在出彩的创意上。上海一家超市在不同的商品前摆放了许多有趣的文案，比如，西红柿前的"生活把每个人都练成了多面手"，包菜前的"宿命给了我千层铠甲，我分一层护这山河无恙"等，这样的文案有趣又有内涵，吸引了许多年轻消费者前来打卡拍照。

8.4.2 创意视频广告

创意视频广告是指那些具有创新性和独特性的广告，它们通常能够吸引观众的注意力并引起共鸣。对于品牌而言，有趣好玩、打动人心的广告内容可以说是出圈的利器。

京东家电曾推出一支"脑洞大开"的创意广告。广告中，所有家电都被拟人化，扫地机器人盘腿坐在地上"扫地"，冰箱依靠吃雪糕制冷，搞笑的画面和有趣的情节让这支广告迅速出圈，被年轻人所喜爱。

除了趣味视频广告外，充满氛围感、带有文艺气息的视频广告同样能够吸引"Z世代"的注意。隈田川咖啡曾联合某著名导演推出广告《一万杯如初见》，该导演充满文艺气息的创作风格让这支广告在还未上线时就备受期待。在广告中，下着雨的黄昏、西湖边的咖啡店、杯子里晃动的冰块等元素都为广告奠定了浓浓的浪漫氛围感，获得"Z世代"的好评。

如今，普通的广告已经很难满足"Z世代"的期待了。品牌如果通过极具故事感的广告，将产品融入故事之中，反而能够让年轻消费者更有购买的欲望，还能够让消费者通过沉浸式观看广告的方式记住品牌。

8.4.3　创意公益活动

品牌可以通过独特的创意活动来吸引"Z世代"的关注和参与，从而增加品牌的曝光度和用户黏性。

比如，品牌发起或参与公益活动，能够极大地激发年轻人的社会责任感，对品牌产生认同感。许多品牌都曾借助创意公益活动获得大众的好感，提升品牌的口碑。

喜茶曾开启一项名为"喜爱计划"的公益活动，并以"云南红河红米产业扶贫"为主题创建公益项目。在活动过程中，喜茶捐款之余，还以帮扶当地农民而收购来的红河梯田红米为原材料制作爱心红米包，赢得了年轻一代消费者的广泛赞誉。

"蚂蚁森林"是支付宝发起的公益行动，人们通过在 App 上储存能量将游戏中的树养大，每养大一棵树就能够在现实中种下一棵树。支付宝将绿色环保理念与游戏相结合，增加了活动的趣味性。许多年轻人都参与其中，想要通过自己的努力，为祖国的绿化事业贡献力量。

支付宝将收集能量的方式与支付宝中一些功能的使用相挂钩，如使用支付宝支付、在支付宝上进行手机缴费、购买车票等都可以获得能量。这样，人们为了收集能量，将小树养大，就会一直使用支付宝。

品牌的公益活动最终是为了扩大品牌影响力，收获良好的评价，所以，品牌要将公益与品牌发展相结合，创造出合理的公益模式。

营销智慧

品牌文案的创意写作

文案是品牌理念、态度、价值的具体体现，是品牌文化传播的灵魂。有创意的文案能够帮助品牌或产品成功出圈，成为品牌文化的代表。下面是"Z世代"喜欢的品牌文案的写作思路，可以帮助品牌用文字打动

"Z世代"。

● 传达情感，引发"Z世代"的共鸣。品牌可以将对待事物的态度用文字表达出来，让"Z世代"产生认同感，那么，"Z世代"自然也会对品牌和产品产生好感。

● 拒绝套路，用真诚打动"Z世代"。在广告、文案扎堆儿的营销中，品牌如果能够出其不意，反套路创作文案，反而能够凭借率真的态度获得年轻人的喜欢。

● 有趣搞笑，表现品牌"有趣的灵魂"。在这个信息发展过快的时代，过了高级、艺术的文案反而会因为晦涩难懂而不被认可，一些简单有趣，甚至搞笑的文案反而能够凭借清奇的画风出圈，被大众所熟知。

参考文献

[1] 常宁. 热点：社交媒体内容运营逻辑 [M]. 杭州：浙江大学出版社，2018.

[2] 陈国胜，陈凌云. 数字营销 [M]. 大连：东北财经人学出版社，2021.

[3] 陈晓曦. 供应链重构：打造以消费者为中心的数智化链路 [M]. 北京：人民邮电出版社，2022.

[4] 戴京京. 超级 IP 互联网时代如何打造爆款 [M]. 北京：清华大学出版社，2017.

[5] 共响新商业研究院. 抖音运营 [M]. 北京：清华大学出版社，2020.

[6] 郭鹏. 年轻化：Z 时代品牌爆发式增长法则 [M]. 北京：机械工业出版社，2021.

[7] 郭相臣. 社群营销从入门到精通 [M]. 北京：应急管理出版社，2020.

[8] [美] 杰夫·弗若姆（Jeff Fromm），[美] 安吉·瑞德（Angie

Read）著 . Z 世代营销：洞察未来一代、赢得未来市场的通用法则 [M]. 王宁译 . 北京：电子工业出版社，2020.

[9] 李泊霆 . 声浪传播：全网营销下的品牌觉醒 [M]. 广州：南方日报出版社，2015.

[10] 李昊轩 . 销售心理学 [M]. 天津：天津科学技术出版社，2019.

[11] 连淑芳，徐鼎亚，唐晓燕 . 营销心理学（第 2 版）[M]. 上海：立信会计出版社，2011.

[12] 刘艳红，等 . "旅游 + 互联网"情境下的自媒体营销 [M]. 北京：中国旅游出版社，2018.

[13] 陆冰 . 销售如何说，顾客才会听；销售如何做，顾客才会买 [M]. 苏州：古吴轩出版社，2016.

[14] 吕白 . 从零开始做内容：爆款内容的底层逻辑 [M]. 北京：机械工业出版社，2020.

[15] 欧阳俊 . 网上开店 [M]. 重庆：重庆大学出版社，2016.

[16] 王超，刘立丰 . 智能零售：全新的技术、场景、消费与商业模式 [M]. 杭州：浙江大学出版社，2019.

[17] 王海霞 . 时尚新媒体 [M]. 北京：北京日报出版社，2018.

[18] 王幸，谭北平 . 弱品牌，强品牌：数字时代增长知与行 [M]. 北京：人民邮电出版社，2022.

[19] 叶飞 . 新媒体短视频运营从入门到精通 [M]. 北京：清华大学出版社，2021.

[20] 张京成 . 中国创意产业发展报告 [M]. 北京：中国经济出版社，2015.

[21] 张少娜 . 线上活动策划全攻略 [M]. 广州：广东人民出版

社，2020.

[22] 崔自三 . 如何用文化营销实现产品长销 [J]. 光彩，2021（4）.

[23] 李欣 . 打造多元化的故事文化产业链 [J]. 编辑学刊，2011（5）.

[24] 李岳杭 . 网红类茶饮微博宣传策略分析——以"喜茶"为例 [J]. 科技传播，2018（24）.

[25] 刘春宇，李硕佳，王肖丽 ."颜值革命"——产品营销的关键 [J]. 财富时代，2020（03）.

[26] 顺应年轻化消费潮流 .[N]. 江苏商报，2020-01-17.

[27] 孙明华，王继勇，董雷，等 . 国风爆发——历史积淀正变身大 IP[J]. 创新世界周刊，2022（5）.